Mit *Die Vier Versprechen* schrieb Don Miguel Ruiz einen der erfolgreichsten Lebenshilfe-Bestseller der letzten Jahre. Sein Buch stand über zwei Jahre auf der *New York Times*-Bestsellerliste und wurde in mehr als zwanzig Sprachen übersetzt.

Don Miguel Ruiz wuchs in Mexiko in einer Familie von Heilern und Schamanen auf. Er studierte westliche Medizin in den USA und arbeitete als Chirurg, bevor er sich im Anschluß an eine Nahtoderfahrung wieder den Lehren seiner toltekischen Vorfahren zuwandte. Heute ist er ein *nagual* (Schamane) der Eagel-Knight-Linie und gibt sein Wissen in Seminaren, Vorträgen und Workshops weiter. Weitere Informationen zu seiner Arbeit finden Sie unter
www.miguelruiz.com

Dona Bernadette Vigil war über zehn Jahre die Schülerin von Miguel Ruiz und berichtet in diesem Buch ausführlich über ihre Erfahrung in ihrer Lehrzeit als Schamanin. Sie ist inzwischen selbst ein *nagual* und gibt eigene Seminare. Sie lebt und arbeitet als bildende Künstlerin in New Mexico. Weitere Informationen unter www.BernadetteVigil.com

Von Don Miguel Ruiz sind in unserem Hause erschienen:

Leben mit den Vier Versprechen
Vollendung in Liebe

als CDs

Die Vier Versprechen: Wählen Sie Ihre Worte mit Bedacht, und nehmen Sie nichts persönlich
Die Vier Versprechen: Ziehen Sie keine voreiligen Schlüsse, und tun Sie Ihr Bestes

als gebundene Ausgaben im Ariston Verlag

Die Vier Versprechen
Die innere Wahrheit

Doña Bernadette Vigil
Dr. Arlene Broska

Das Geheimnis der Vier Versprechen

Selbstfindung und toltekischer Schamanismus

Vorwort von Don Miguel Ruiz

Aus dem Amerikanischen von
Angelika Hansen

Besuchen Sie uns im Internet:
www.ullstein-taschenbuch.de

Ullstein Esoterik
Herausgegeben von Michael Görden

Aus dem Amerikanischen von Angelika Hansen
Titel der Originalausgabe
MASTERY OF AWARENESS –
LIVING THE FOUR AGREEMENTS
Erschienen bei Bear & Company, Rochester, Vermont, USA

Umwelthinweis:
Dieses Buch wurde auf chlor- und säurefreiem Papier gedruckt.

Deutsche Erstausgabe im Ullstein Taschenbuch
1. Auflage Oktober 2005
© der deutschsprachigen Ausgabe
Ullstein Buchverlage GmbH, Berlin 2005
© der Originalausgabe 2001 by Bernadette Vigil
Umschlaggestaltung: FranklDesign, München
Titelabbildung: www.vietmeier.de
Gesetzt aus der Caslon
Satz: LVD GmbH, Berlin
Druck und Bindearbeiten: Ebner & Spiegel, Ulm
Printed in Germany
ISBN-13: 978-3-548-74255-7
ISBN-10: 3-548-74255-6

Die Großmütter

Die
Großmütter
der
Weisheit
flüsterten
mir
ins Ohr,
und der
Klang
ihrer
Stimmen
hallte in meinem
Herzen wider.
Das Echo
brach
die Tür
zu einem Ort
auf,
den nur die
Großmütter
uns zeigen können.

Das Geburtstal
von Dunkelheit und Kälte,
während ich
in den Adern
des Körpers
der Mutter
schwebe,
um mit ihr
zu verschmelzen,
nur um
sie zu verlassen,
Das Geheimnis zu kennen
ist nur ein Scherz,
während
die Großmütter
lachen.

Dona Bernadette Vigil

Inhalt

Vorwort von Don Miguel Ruiz 9
Einleitung 13

1. Überblick 21
2. Die Domestizierung Ihrer Seele 31
3. Der Richter und das Opfer 45
4. Haken und Masken 51
5. Vereinbarungen 61
6. Eduardo 75
7. Spiegel und der Austausch von Energie 83
8. Mary 93
9. Der Stern der Freiheit 103
10. Die elf Vereinbarungen des
    Spirituellen Kriegers 111
11. Pirschen 135
12. Die Spirale 181

Vorwort

Das Geheimnis der Vier Versprechen ist eine ausgezeichnete Zusammenfassung der harten Arbeit, die Dona Bernadette während ihrer mehr als zehn Jahre währenden Reise auf dem Weg zur Freiheit geleistet hat. Dieses Buch ist die faszinierende Beschreibung der Transformation einer Frau, die lange Zeit ihr Leben als Opfer ihrer eigenen Glaubenssätze und Werturteile bezüglich der Rolle der Frau in der Gesellschaft geführt hat.

Dona Bernadette begann eine Rebellion gegen das Leiden, das Frauen viele Jahrhunderte lang erduldet haben, eine Rebellion gegen die Rollen, die viele Frauen als hilflose Opfer der Gesellschaft angenommen haben. Im Laufe ihres Lebens hat sie viele Frauen gesehen, die als Opfer dazu verdammt waren, endlose Mißhandlungen und Schmach über sich ergehen zu lassen. Dona Bernadette wollte vermeiden, ein weiteres Opfer dieser Ungerechtigkeit zu werden, daher beschloß sie, den Weg der Erleuchtung und des Spirituellen Kriegers zu gehen.

Im Verlauf ihrer Reise erkannte Dona Bernadette den Irrtum ihrer Sichtweise und die daraus resultierende Selbst-Mißhandlung. Sie begann zu erkennen, wie sehr sie aufgrund ihrer Glaubenssätze gelitten hatte. Zu lange hatte sie sich hinter der Maske der Selbstgerechtigkeit, der Eitelkeit und des Stolzes versteckt. Die Wiedererlangung ihres Bewußtseins erforderte eine äußerst schmerzhafte Anerkennung der Wahrheit und der von ihr selbst geschaffenen Lügen. In diesem Buch beschreibt Dona Bernadette mit Worten, die direkt aus ihrem Herzen kommen, jeden Schritt ihrer langen, hingebungsvollen Reise. Mit bewegender Authentizität spricht sie über ihre Transformation vom hilflosen Opfer zu einer Frau voller Macht und Weisheit.

Dona Bernadette und ich haben mehr als zehn Jahre zusammengearbeitet. In den frühen Jahren war sie Mitglied einer besonderen Gruppe von vier Frauen, die die Meisterschaft des Pirschens praktizierten, die zur Meisterschaft des Bewußtseins gehört. Dona Bernadette war meine beste Schülerin und wurde bald zur Meisterin und der weibliche *nagual* meiner Gruppe. Der Augenblick ihrer Erleuchtung fand in Hawaii statt, und das war der Moment, in dem sie beschloß, ihre Sichtweise vollständig in eine Perspektive der Liebe zu verwandeln.

Seit 1994 hat Dona Bernadette viele Schüler auf ihrem Weg zur Freiheit begleitet. Lange Zeit war sie meine Haupt-Assistentin bei diversen Kraft-Reisen, und heute ist sie Leiterin ihrer eigenen Kraft-Reisen. Die Weisheit und Liebe, die sie als Lehrerin in Seminaren und Workshops weitergegeben hat, ist jetzt in Form dieses Buches erhältlich. So wie die vielen Menschen, deren Leben durch Dona Bernadettes Lehren bereichert worden ist, werden auch Sie in diesem Buch vielleicht die Inspiration finden, die Ihnen hilft, die Richtung Ihres eigenen Lebens zu ändern.

Don Miguel Ruiz

Einleitung

Mein Wunsch, ein Spiritueller Krieger auf dem Pfad der Tolteken zu werden, wurde während meiner Suche nach Glück und Zufriedenheit geboren, als ich noch sehr jung war. In meinen frühen Jahren habe ich immer nach irgend etwas gesucht. Ich nahm eine Menge Risiken auf mich und hatte oft das Gefühl, als verstieße ich gegen die Glaubenssysteme der Gesellschaft. Ständig gab es in meinem Inneren irgendwelche Kämpfe. Ich war weder glücklich noch zufrieden mit dem Leben. Als Kind glaubte ich sehr an die katholische Kirche und befolgte ihre Lehren aus ganzem Herzen. Eine Zeitlang trug ich mich ernsthaft mit dem Gedanken, als Nonne ins Kloster zu gehen. Außerdem besuchte ich andere Kirchen bzw. beschäftigte mich mit anderen Glaubensrichtungen, um zu sehen, worin ihre jeweiligen Absichten und Lehren bestanden und wie es um ihre Liebe aussah. Doch keine berührte meine Seele.

Schließlich hatte ich ein erstes Erwachen, als mein Lebenspartner mir sagte, daß unsere Beziehung zu Ende war. Das brach mein Herz. Erfüllt von Trauer und Selbstmitleid, beschloß ich, zum Skilaufen in die

Berge zu fahren, was ich noch nie getan hatte. Bei meiner ersten Abfahrt stürzte ich, brach mir sechs Rippen und wurde ins Krankenhaus eingeliefert. Es war der Neujahrsabend 1990, und am Himmel stand der Vollmond. Mein Ex-Partner kam nicht, um mich zu sehen, und ich hatte nur ein paar Besucher während meines Aufenthaltes im Krankenhaus. Mein Leben fühlte sich sehr leer an. Ich erkannte, daß ich wahrhaftig alleine war und daß wir alle als Menschen unsere individuellen Prozesse alleine durchleben müssen, selbst wenn wir von anderen Menschen umgeben sind.

Als Kind hatte ich Visionen und Geister gesehen. Als ich 1990 in meinem Krankenhausbett lag, sah ich Images von Jesus am Kreuz, die mit Lichtgeschwindigkeit auftauchten und verschwanden. Die Visionen halfen mir, mein Leben anzuschauen. Obwohl ich todunglücklich darüber war, daß mein Partner nicht mehr mit mir zusammensein wollte, erkannte ich, daß es noch andere Dinge im Leben gibt. Ich erkannte, daß mein Dasein sich nicht darum drehte, jemanden glücklich zu machen oder zu wollen, daß jemand mich glücklich macht. Mir wurde klar, dass ich Glück nur in meinem Inneren finden konnte. Diese Erkenntnis wurde meine Intention. Ich wollte das Gefühl vollkommener Zufriedenheit und perfekten Friedens empfinden, und zwar so sehr, daß es keine Rolle mehr spielte, ob mein Partner blieb oder ging. Wenn in Zukunft ein Partner beschließen sollte, sich von mir zu trennen, würde mich das nie wieder meines Glücks berauben. Nichts würde das je vermögen.

Mein Unfall war ein geistiges Erwachen und nicht wirklich ein Unfall. Die geistige Welt hatte schon immer zu mir gesprochen, doch habe ich einfach nicht hingehört, so wie es die meisten Menschen oft nicht tun. Ich brauchte die Erfahrung eines physischen K.-o.-Schlages, damit ich nicht mehr wegrennen konnte. Ich war gezwungen, wochenlang stillzusitzen, damit ich heilen konnte. Dieses Stillsitzen wurde zu einer Zeit der Kontemplation, in der ich mir mein Leben genau anschaute. Sobald meine sechs gebrochenen Rippen geheilt waren, begab ich mich zum K.S.K. Tibetan Buddhist Center und studierte eine Zeitlang mit Lama Karma Dorje. Ich lernte zu meditieren. Einige Monate später erzählte mir eine Freundin von Don Miguel, einem Schamanen, der in die Stadt gekommen war. Ich besuchte einen seiner Vorträge und begann kurz danach, bei ihm zu lernen. Die Arbeit mit ihm war ungeheuer intensiv. Ich war hundertprozentig bei der Sache; ich hatte nichts zu verlieren.

Während ich mit Don Miguel studierte, unternahm ich meine erste Kraft-Reise zu den Pyramiden von Teotihuacan in Mexiko. Dort wohnte ich einer Zeremonie toltekischer Krieger an dem Ort bei, wo sie schon vor Tausenden von Jahren Zeremonien durchgeführt hatten. Mit jedem Augenblick verwandelte sich mein Leben unwiederbringlich. Nach unserer Rückkehr fragte mich Don Miguel, ob ich seine Schülerin werden wollte. Zu diesem Zeitpunkt hatte er nur sehr wenige Schüler. Ich war einverstanden. Don Miguel wählte vier der Frauen, die mit ihm studierten, um die vier Richtungen zu repräsentieren; ich war der Süden. Wir begannen wöchentliche Pirsch-Gruppen in meinem hübschen kleinen Adobe-Haus, in dem es keine Elektrizität gab und wir einen Holzofen zum Heizen benutzten. Viele Monate später gesellten sich eine Frau und ein Mann, der zum *nagual* ausgebildet wurde, zu uns. Wir trafen uns bei jedem Wetter, egal ob es regnete, schneite oder die Sonne schien. Wir gaben einander das Versprechen, uns selbst und unser Leben genau anzuschauen, und wir praktizierten fast zwei Jahre lang die Kunst des Pirschens. Wir nahmen jeder am Leben des anderen teil. Wir heilten gemeinsam, und wir liebten und respektierten einander als Spiegel. Außerdem erlebten wir eine neue Ebene der Liebe und des Respekts für uns selbst. Unsere Arbeit erforderte große Disziplin und den ehrlichen Wunsch, nach innen zu schauen. Sie erforderte hundertprozentigen Fokus und Hingabe.

Nach drei Jahren Lehre hatte ich viele Pirschgänge durchgeführt. Ich hatte mehr und mehr persönliche Kraft gewonnen und viele Kraft-Reisen mit Don Miguel und Dona Gaya absolviert, der damaligen *nagual*-Frau. Dona Gaya war eine sehr mächtige, liebevolle Person, sehr direkt, eine magische Lehrerin. Mit ihr und Don Miguel unternahm ich eine Kraft-Reise nach Hawaii, die mein Leben mehr veränderte als alle anderen Reisen zuvor. Wir stiegen mit einer Gruppe Spiritueller Krieger drei Stunden lang hinunter in einen Vulkan, wo Don Miguel eine Zeremonie abhielt. Während der Zeremonie passierte etwas mit Don Miguel. Später fand ich heraus, daß er einen schweren Herzinfarkt erlitten hatte. Alles, was ich zum Zeitpunkt des Geschehens wußte, war, daß er sich nicht in seiner normalen kraftvollen Form befand und daß Dona Gaya schon losgegangen war und den Rückweg angetreten hatte.

Meine Instinkte und meine innere Weisheit sagten mir, daß ich etwas tun mußte, da ich spürte, daß Don Miguel dabei war, seinen Körper zu verlassen. Ich hatte kein Telefon und nur Kontakt mit den Spirituellen Kriegern, die noch anwesend waren, und uns stand ein drei Stunden langer Weg aus dem Vulkan heraus bevor. Außerdem war die Mehrheit der Spirituellen Krieger Anfänger, und ich mußte dafür sorgen, daß sie fokussiert blieben. In diesem Moment beschloß ich, Don Miguel zu helfen, indem ich die Energie von Mutter Erde in meinen Leib zog und dann meine Hände auf seinen Körper legte. Ich war in der Lage, eine Menge Energie heranzuziehen, da Hawaii eine solch ungeheuer starke Quelle reinster Mutter-Erde-Kraft ist. Indem ich meine Liebe und Energie Don Miguel zuteil werden ließ, verbanden sich unsere Seelen, und wir wurden *ein* Wesen. Dann begannen wir den langsamen Weg an die Oberfläche. Ich hatte das Gefühl, als ob ich mit Jesus zu seiner Kreuzigung ging, dem Augenblick seiner Transformation, wo er seinen Körper verlassen würde. Auf dem Weg aus dem Vulkan heraus verließ Don Miguel tatsächlich beinahe seinen physischen Körper. Während wir gingen, sah ich zudem, wie Don Miguel sich veränderte und zu verschiedenen Wesen aus unterschiedlichen Leben wurde. Darüber hinaus sah und fühlte ich, wie die Wächter der Felsen meinem Willen Energie schickten. Schließlich erreichten wir die Oberfläche und unseren Wagen.

Dieses Erlebnis transformierte und veränderte mein ganzes Wesen. Mir fehlen die Worte, um es wirklich zu beschreiben, doch empfand ich ein großes Glücksgefühl darüber, daß ich einen Teil meiner selbst für das Überleben eines anderen Menschen gegeben hatte. Das war der bedingungsloseste Ausdruck von Liebe. Von dem Moment an, wo Don Miguels und mein Geist verschmolzen, war ich die zweite *nagual*-Frau (Dona Gaya war die erste). Es war nie mein Traum gewesen, eine bewußte *nagual*-Frau zu werden. Ich hatte nicht gewußt, daß ich als *nagual* geboren wurde, als Wesen mit einem doppelten Ei bzw. Energiefeld. Ich hatte einfach nur davon geträumt, mit jedem Atemzug Freude und Frieden zu empfinden. Ich wollte erreichen, daß keine wie auch immer gearteten Umstände mir mein Glück rauben konnten, da mein Glück in meinem Inneren sein würde. Dadurch, daß ich Don Miguel für sein Überleben meine Liebe und Energie gegeben hatte, erhielt ich das größte aller Geschenke. Ich erlebte wahre Freude und bedingungslose Liebe. Von jenem Moment an war ich ein Lehrer. Seit damals habe ich viele Spirituelle Krieger auf ihrem Weg begleitet, die mittlerweile selbst wunderbare Lehrer sind. Heute ist mein Leben bei jedem Atemzug tatsächlich von Frieden erfüllt. Nichts kann mir mein Glück nehmen, denn es ruht in mir.

Mit diesem Buch biete ich Ihnen die Reise an, deren Ziel die Erkenntnis Ihrer wahren Natur ist. Ihre wahre

Natur ist Glücklichsein, und Ihr wahrer Geist ist voller Freude und Selbst-Liebe im besten Sinne des Wortes. Wenn Sie sich erst einmal wirklich selbst lieben, können Sie auch anderen Menschen ohne Ausnahme Ihre bedingungslose Liebe schenken. Dieses Buch leitet Sie an, in Ihr eigenes Herz zu schauen und jene Türen zu öffnen, die Sie verschlossen haben. Um Zufriedenheit zu erlangen, müssen sie den Mut aufbringen, diese Türen aufzuschließen und die Teile Ihres Wesens zu lieben, die sich dahinter befinden. Ich gebe Ihnen dieses Buch in Liebe und Respekt.

1
Überblick

Der Traum des Planeten

Die Tolteken glaubten, daß wir in einem Traum leben. Sie sahen, daß die meisten Menschen im Traum des Planeten gefangen sind oder in den Glaubenssystemen des täglichen Lebens. Die Tolteken glaubten außerdem, daß wir meisterhafte Krieger werden können, die in der Lage sind, den Traum des Planeten mit seinen Limitierungen zu transzendieren, um auf diese Weise unseren eigenen grenzenlosen Traum zu kreieren. Für uns ist der Traum des Planeten unsere Welt, wie wir sie heute kennen. Er verkörpert unsere Gesellschaftsordnungen, unsere Regierungen, unsere Glaubenssysteme sowie unsere Gesetze, Regeln und Erwartungen. Er stellt die Strukturen dar, nach denen wir unser Leben führen, unsere Ziele wählen und danach streben, bestimmte Dinge im Leben zu erreichen, wie zum Beispiel einen guten Job, Familie, ein schönes Zuhause, Bildung, Status und so weiter. Innerhalb dieses Traumes mag es bestimmte fundamentale Glaubenssätze geben, wie beispielsweise den, wo uns gesagt wird, daß wir nach unserem Tod in Gottes Schoß zurückkehren werden, wenn wir ein »gutes Leben« führen und regelmäßig in die Kirche, den Tempel, die Moschee gehen.

Obwohl heute viele Gesellschaften über materiellen Reichtum verfügen und wir als Individuen so viele Dinge besitzen, sind wir oft in unserem Inneren leer und suchen nach etwas anderem, was uns glücklich machen könnte. Es gibt selten einen Menschen, der mit seinem Leben zufrieden ist und sich nicht nach irgend etwas sehnt. Diese Suche nach »etwas mehr« hat uns veranlaßt, uns der Spiritualität zuzuwenden, um Gott zu finden, das Geistige, die Quelle, oder Jesus. Wir neigen zu der Annahme, daß wir dann, wenn wir uns mit dem Geistigen oder Gott verbinden, Glück, inneren Frieden, Gelassenheit oder bedingungslose Liebe finden werden und nicht mehr länger das Gefühl haben, uns würde etwas fehlen

Heute resultiert die größere Offenheit gegenüber Informationen, die aus Bereichen jenseits traditioneller Glaubenssysteme bzw. dem Traum des Planeten kommen, im Aufblühen vieler alternativer Glaubensformen. Heutzutage ist Spiritualität »en vogue«. Jetzt, zu Beginn eines neuen Jahrtausends, ist genau der richtige Augenblick dafür gekommen. Unsere Welt, so wie wir sie kennen, ist in einer Veränderung begriffen; heute bewegt sich die Energie schneller als jemals zuvor auf unserem Planeten. Diese Periode kann eine Zeit ungeheurer Transformation sein, falls wir zu unserem wahren Selbst erwachen; oder sie kann eine Zeit verheerender Zerstörung, Tragödien und Verwirrung sein, wenn wir nicht bereit sind, uns selbst ehrlich gegenüberzutreten und den Tatsachen ins Auge zu schauen. Es gibt viele Wege im Leben, doch der beste Weg für uns ist der, der das Herz öffnet. Wir wissen, daß wir auf dem richtigen Weg sind, wenn er uns sagen läßt: »Ja, dies ist mein Leben.« Dann empfinden wir ein Gefühl des Friedens, und die Tore des Herzens schmelzen dahin. Das vorliegende Buch wurde für uns alle geschrieben, so daß wir sagen können: »Ja, dies ist mein Leben.«

Die Tolteken

Die Tolteken waren Menschen des Wissens und der Weisheit; außerdem waren sie Lebenskünstler. Ihre Intention bestand darin, in jedem Augenblick meisterhaft zu sein. Aufgrund ihrer ungeheuren Liebe und ihrer Selbstachtung kreierten sie ein untadeliges Umfeld – ein Umfeld der Zufriedenheit. Indem sie in ihr Innerstes schauten, um den verwundeten Spirituellen Krieger zu heilen, gelang es ihnen, in jedem Moment vollkommen lebendig zu sein und den Himmel auf Erden zu kreieren. Sie waren in jedem Moment darauf vorbereitet, die Bäume zu sehen, die Tiere und alle

Formen inneren und äußeren Lebens, einschließlich der nächsten göttlichen Ebene. Die Tolteken spürten, daß Menschen die Fähigkeit hatten, Meister zu werden, an ein Leben ohne Einschränkungen zu glauben und darauf zu vertrauen, daß es etwas jenseits dessen gab, was sie wußten. Diese Künstler des Lebens gingen so weit, unendliche Liebe zu kreieren und offen für sie zu sein – eine Vision zu schaffen, in der allen Lebewesen Frieden des Herzens, des Geistes und des Atems zuteil werden würde.

Bei den Tolteken gab es zwei Ebenen der Ausbildung: die zum »Jaguar Knight« (Jaguar-Krieger) und die zum »Eagle Knight« (Adler-Krieger). Die Schüler wurden von einem *nagual* angeleitet, einem Lehrer ohne Einschränkungen. Die beiden Ebenen repräsentierten Abschnitte, in denen die Schüler zu ihrem höchsten, wahren Selbst erwachten und sich dann jenseits dieser Erkenntnis begaben, um auf diese Weise nie endende, bedingungslose Liebe und Zufriedenheit zu erfahren. Der erste Schritt auf ihrer Reise bestand in der Entscheidung, Schüler zu werden, was sie umgehend zu einem Jaguar-Krieger machte. Um schließlich die letzte Stufe zu erreichen und bedingungslose Liebe zu erfahren, mußten die Krieger in jedem Abschnitt der Arbeit die Kunst des Pirschens, des Träumens und der Intention meistern. Diese Arbeit des toltekischen Kriegers wurde die Erlangung der »Meisterschaft des Bewußtseins« genannt.

Viele der toltekischen Krieger verloren ihr Leben, als die ersten Eroberer in Mexiko ankamen. Das führte dazu, daß die Praktiker des toltekischen Weges in den

Untergrund gingen und geheime Gruppen toltekischer Krieger kreiert wurden. Ihre Lehren blieben bis vor sehr kurzer Zeit geheim. Selbst 1990 konnte nicht jeder, den es danach verlangte, die Kunst der toltekischen Lebensweise studieren. Nur ausgewählte Personen konnten Schüler werden.

Pirschen

Doch jetzt ist auf der Erde die Zeit gekommen, mit jedem Menschen im Traum des Planeten, der dazu bereit ist, die Weisheit der Tolteken zu teilen. Sie sind einer dieser Auserwählten, wenn Sie bereit sind, ehrlich mit sich selbst und der zu sein, der Sie wirklich sind. Freiheit und Liebe beginnen in Ihrem Inneren.

Mit diesem Buch werden Sie durch das Praktizieren der Kunst des Pirschens in Das Geheimnis der Vier Versprechen eintauchen. Darüber hinaus können Sie wählen, diese Kunst mit anderen Instrumenten und Möglichkeiten zu kombinieren, um den Gott und die Liebe zu finden, die in Wahrheit Ihr wirkliches Wesen sind. Pirschen ist ein einfaches, jedoch sehr machtvolles Werkzeug, das Ihnen helfen kann, Ihr Bewußtsein zu erweitern und Ihr Glaubenssystem zu transformieren. Es kann Ihnen helfen, wenn Sie beschließen, sich selbst zu lieben, zu akzeptieren und genauso anzunehmen, wie Sie sind, nämlich absolut perfekt. Das Wort *Pirschen* (Heranpirschen) wird Sie vielleicht in großen Schrecken versetzen; Sie mögen negativ darauf reagieren und denken: »Oh mein Gott, ist mir jemand auf den Fersen?« Wenn Sie sich jedoch entscheiden, die Weisheit der Tolteken anzuwenden, die in diesem Buch dargelegt wird, werden Sie schnell alle Ihre alten Glaubenssätze und Befürchtungen vergessen, einschließlich jener bezüglich des Pirschens, und Sie werden etwas völlig Neues kreieren. Die Kunst des Pirschens – die Kunst, sich an *sich selbst* heranzupirschen – ist ein kreativer, imaginativer Vorgang, der ausschließlich mit *Ihnen* zu tun hat und mit sonst niemandem.

Das Konzept des Pirschens geht auf die Katze zurück, die ein Meister-Pirscher ist und sich perfekt an ihre Beute heranpirscht. Wenn Sie beschließen, die Kunst des Pirschens zu praktizieren, werden Sie der Pirscher sein. Im ersten Stadium als Krieger werden sie ein Jaguar-Kämpfer sein, also die Katze. Ihre Arbeit als Anfänger wird das Pirschen sein. Sie werden sich an niemand anderen als sich selbst heranpirschen, werden nicht mit dem Finger auf andere zeigen und ihnen an Ihrer eigenen Unzufriedenheit und Misere die Schuld geben. Sie werden sich an sich selbst heranpirschen: an Ihre Gedanken, Gefühle, Verhaltensmuster und emotionale Wunden, die Sie im Laufe Ihres Lebens erlangt haben. Sie werden mit dem Finger auf sich selbst zeigen, in Ihr eigenes Herz schauen. Türen, die vorher verschlossen waren, werden sich allmählich öffnen, und Sie werden beginnen, alle Ihre Wunden zu heilen, eine nach der anderen, auf daß Sie ein erfülltes Leben führen können, in dem Sie alles so annehmen, wie es ist. Pirschen wird zu Ihrer Selbst-Heilung und Transformation führen.

Die Reise mit dem Ziel, Pirschen zum Zwecke der Selbst-Heilung und Transformation zu lernen, wird Sie zunächst in die Abgründe Ihres eigenen Glaubenssystems führen. Sie werden lernen, wie der Domestizierungs-Prozeß des Traumes des Planeten Sie Ihrem wahren Selbst entfremdet und Ihnen Freiheit, Frieden, Zufriedenheit und Liebe unmöglich gemacht hat. Im Laufe der folgenden Kapitel werden Sie sehen, wie der Richter und das Opfer, die Aspekte Ihres eigenen persönlichen Parasiten darstellen, sich in Ihrem Leben auswirken, indem sie Unzufriedenheit aufrechterhalten und die Illusion darüber, was Sie sein »sollten«. Sie werden über die vielen »Haken« im Leben lernen, die Ihre Aufmerksamkeit ködern und dafür sorgen, daß Sie Ihre Richtung verlieren. Sie werden sehen, wie Ihre Wunden auf die Vereinbarungen zurückzuführen sind, die Ihnen von anderen Mitgliedern des Traumes zugefügt werden. Vereinbarungen sind die Samen, die andere durch die Macht ihrer Worte und Taten in Ihre Seele pflanzen. Wenn Sie an die Vereinbarungen glauben und von ihrer Richtigkeit überzeugt sind, hat das zur Folge, daß Sie Ihre Erfahrungen im Leben limitieren. Sie werden Angst haben, Ihrem wahren Selbst Ausdruck zu verleihen und entsprechend zu leben. Statt dessen tragen Sie eine Maske, die der Welt das Bild von Ihnen präsentiert, von dem Sie glauben, daß sie es sehen will. Sie tragen eine Maske, um das zu bekommen, von dem Sie glauben, daß Sie es haben wollen, und von dem Sie annehmen, daß es Sie glücklich machen wird. Doch in Wahrheit fühlen Sie sich nie wirklich glücklich. Sie suchen weiterhin nach größeren und besseren Dingen, wie zum Beispiel einem besser bezahlten Job oder einem größeren Haus oder einem teureren Auto oder einem besseren Lebenspartner. Währenddessen fühlen Sie sich elend und wissen nicht, wer Sie in Wahrheit sind oder was wirklich wichtig ist im Leben.

Das erste Set von Werkzeugen, um sich selbst zu finden und Ihre eigenen Visionen zu manifestieren, die aus den Dingen bestehen, die Sie in Ihrem Leben haben oder erreichen wollen, sind die elf spirituellen Richtlinien, die im zehnten Kapitel aufgeführt sind und deren Aufgabe es ist, Sie in Ihrem täglichen Leben anzuleiten. Die toltekische Weisheit in diesem Buch lehrt Sie, ein Krieger zu sein, was sich gewalttätig anhört, wobei der Krieg, den Sie führen, jedoch nichts mit Gewalt zu tun hat. Statt dessen werden Sie diesen Krieg lieben, denn es geht darum, mit sich selbst freundlich zu sein, sanftmütig und liebevoll, vielleicht zum ersten Mal in Ihrem Leben. Dieser Krieg richtet sich gegen die Aspekte Ihres Glaubenssystems, die Sie verinnerlicht haben, und gegen die Funktionen Ihres eigenen Geistes, wie zum Beispiel die des Richters. Wie die meisten Menschen, so sind Sie wahrscheinlich Ihr eigener schärfster Richter, der dafür sorgt, daß Sie sich ständig schlecht und minderwertig fühlen. Um diesen persönlichen Krieg zu gewinnen und Frieden zu finden, müssen Sie sich selbst gegenüber eine Verpflichtung eingehen und den nächsten Schritt machen. Der nächste Schritt besteht darin, ein Jaguar-Krieger und Ihr *eigener* Schüler zu werden.

Wenn Sie erst einmal diese Verpflichtung eingegangen und Ihr eigener Schüler geworden sind, beginnen Sie mit der Reise und fangen mit dem Pirschen an, das heißt, Sie benutzen ein machtvolles Werkzeug, das Ihnen bei der Transformation Ihres Lebens helfen wird. Dieses Werkzeug kann Ihnen helfen, Energie wiederzufinden, die Sie im Laufe Ihres Lebens verloren haben; größeres Bewußtsein zu erfahren, inneren Frieden und Zufriedenheit und einen Zustand zu erreichen, in dem Sie bedingungslose Liebe für sich selbst und andere empfinden. Es liegt an Ihnen, die ersten Schritte zu unternehmen, wie auch jeden weiteren Schritt danach. Manchmal sind großer Mut und Ausdauer vonnöten, sich selbst ehrlich gegenüberzutreten und die eigene Wahrheit zu erkennen. Wenn Sie den Mut und den Willen zur Veränderung haben, dann kann dieses Buch ein Werkzeug sein, mit dessen Hilfe Sie sich im Kampf des Spirituellen Kriegers behaupten können.

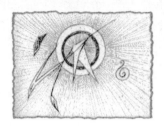

2

Die Domestizierung Ihrer Seele

Das Glaubenssystem

Das Glaubenssystem der Welt, der Traum des Planeten, stellt den Rahmen für alles, was Sie wahrnehmen, und wirkt sich auf diese Weise auf alles aus, was Sie denken, fühlen und glauben. Als ich mit der Arbeit auf dem Pfad der Tolteken begann, war eines der ersten Dinge, die ich lernte, die Tatsache, wie wichtig dieses Glaubenssystem der Welt war. Da ein Großteil der Arbeit, die ich zu tun gedachte, sich um dieses Glaubenssystem drehte, mußte ich begreifen lernen, woraus es bestand, welche Wirkung es auf mich hatte und welche Rolle es in meinem Unglücklichsein spielte. Das gleiche gilt für Sie: Es ist wichtig, daß Sie dieses

Glaubenssystem verstehen, damit Sie Ihre Gründe für die Entscheidung verstehen, Ihr Leben zu verändern.

Alles in Ihrem Leben, einschließlich Ihrer Suche nach persönlicher Wahrheit und Veränderung, findet innerhalb des allumfassenden Glaubenssystems des Traumes des Planeten und seiner vielen verschiedenen Ebenen statt. Jede Ebene beinhaltet spezifische Glaubenssätze, die sich sowohl als Regeln manifestieren als auch in Form von unausbleiblichen Konsequenzen, sollten diese Regeln nicht befolgt werden. Das Glaubenssytem des größeren Kreises wirkt sich auf die kleineren Kreise aus. Der größte Kreis – der äußere – ist das Glaubenssystem des Regierung des jeweiligen Landes, in dem Sie leben. Die Regierung hat einen machtvollen Einfluß auf Sie. Die Regierung kontrolliert Sie, indem sie mittels der Ansichten, die in offiziellen Dokumenten ausgedrückt werden – wie zum Beispiel der Konstitution der Vereinigten Staaten – Glaubenssätze aufstellt. Sie schafft Gesetze, nach denen Sie sich richten müssen; und wenn Sie sich nicht nach ihnen richten, besteht die Konsequenz darin, daß Sie ins Gefängnis kommen.

Innerhalb des ersten Kreises befindet sich ein zweiter Kreis, der das Glaubenssystem Ihrer jeweiligen Religion darstellt. Alle Religionen sind Glaubenssystem mit ihren eigenen Regeln und Konsequenzen. Die Glaubenssätze der Religionen werden durch Lehren wie zum Beispiel jene in der Bibel, in der Tora und dem Koran übermittelt. Regeln wie die Zehn Gebote in der katholischen Religion existieren außerdem, um Sie in Ihrem spirituellen Leben zu leiten und Sie davor zu bewahren, in die Hölle zu kommen, was eine Konsequenz des Nichteinhaltens der Kirchen-Regeln darstellen würde.

Andere Kreise sind das Glaubenssystem Ihrer Schule und Ihrer Mitschüler und die Kultur, in die Sie hineingeboren wurden. Und schließlich gibt es noch den Kreis mit der größten direkten Wirkung auf Sie: das Glaubenssystem Ihrer Familie. Ihre Familie hat ihr eigenes persönliches Glaubenssystem, das auf den größeren Systemen basiert; dieses Glaubenssystem der Familie bestimmt, wie Sie als Kind herangewachsen sind. Man hat Ihnen beigebracht, was »richtig« und was »falsch«, was »gut« und was »schlecht« ist, basierend auf den verschiedenen Ebenen des Glaubenssystems, in dem Sie erzogen wurden. Die heute in Erscheinung tretenden Auswirkungen dieser Glaubenssätze, die durch Ihre Familie gefiltert wurden, sind ungeheuer stark, da sie – bis zu dem Moment, wo Sie beschließen, Ihren eigenen Traum zu kreieren – sowohl Ihre Gefühle bezüglich sich selbst bestimmen als auch Ihre Wünsche im Leben.

Das Glaubenssystem des Traumes des Planeten lehrt Sie, daß es gewisse Dinge gibt, die bedeuten, daß Sie ein »gutes« Leben haben. Es kann sein, daß Sie diese Glaubenssätze in Form verinnerlichter Erwartungen und Wünsche mit sich herumtragen, wie beispielsweise: »Ich möchte das schönste Haus haben, mit einem hübschen weißen Zaun; mein Ehemann wird einfach perfekt sein; ich werde wunderbare Kinder haben, und sie werden duftendes, weißes Brot essen.« Vielleicht sind Sie in solch einem Umfeld aufgewachsen, genauso wie Ihre Eltern vor Ihnen. Oder vielleicht hatten Ihre Großeltern kein duftendes weißes Brot; vielleicht hatten sie statt dessen Tortillas und Sopaipillas wie meine Großmutter und Urgroßmutter. Die Details mögen unterschiedlich sein für unterschiedliche Menschen, doch die Glaubenssysteme sind grundsätzlich die gleichen.

Die Geschichte von Rosario, die meine Schülerin war, ist ein typisches Beispiel familiären Einflusses. Der Traum würde sagen, daß sie aus einem »guten Stall« kam und eine »perfekte« Familie hatte. Doch während Rosario heranwuchs, bemerkte sie Unterschiede zwischen dem, was ihre Eltern zu Hause taten, und dem Bild, das sie entsprechend ihren Glaubenssätzen der Welt präsentierten. Sie begann, Dinge wie die »perfekte« Ehe und die Liebe zwischen ihrem Vater und ihrer Mutter in Frage zu stellen. Sie erlebte oft, wie ihr Vater ihre Mutter anschrie und sie dabei mit Kleidungsstücken, Schuhen und anderen Dingen bewarf. Sogar noch dramatischer waren die Zeiten, als ihr Vater die Absicht faßte – und sie beinahe auch ausführte – seine Kinder umzubringen, weil er so wütend auf seine Frau war. Manchmal war Rosario stundenlang mit ihren Schwestern im heißen Auto eingeschlossen, während ihr Vater »auf einen Drink« in die Kneipe ging. Andere Male war sie in seinem Auto gefangen, während er mit überhöhter Geschwindigkeit über die Landstraßen raste, was zu vielen bedrohlichen Situationen führte. Das Leben der Kinder war in Gefahr, weil ihr Vater einen solchen Zorn auf ihre Mutter hatte. Rosario schaute sich ihre Eltern an und dachte: »Ist das Liebe? Sieht so eine perfekte Familie aus?«

Rosarios Eltern glaubten, eine perfekte Ehe führen zu müssen, und sie präsentierten der Welt dieses Image, da es ihre Welt und ihre Religion gewesen waren, die ihnen von Anfang an gesagt hatten, daß es wichtig war, eine perfekte Ehe zu führen. Ihre Eltern wollten bei ihren Mitmenschen den Eindruck erwekken, daß sie einander genug liebten, um acht Kinder in die Welt zu setzen. Doch hatte die Tatsache, daß sie Kinder hatten, wirklich etwas mit Liebe zu tun? Später erkannte Rosario, daß das Produzieren von Kindern für ihren Vater ein Ausdruck seiner Männlichkeit war. Das Ego ihres Vaters und sein Verlangen nach Macht und Kontrolle über ihre Mutter manifestierte sich in Aktionen, die besagten: Du bist meine Frau, und wann immer ich mit dir schlafen will, werde ich es tun, und nimm nur ja nicht die Pille, denn du sollst Kinder haben. Rosarios Mutter hatte das Gefühl, immer zu Hause und für die Kinder dasein zu müssen, um als »gute« Mutter zu gelten. Währenddessen hatte ihr Vater die totale Kontrolle über die Familie und führte sein eigenes Leben. Freunde der Familie meinten, daß Rosarios Eltern die »perfekte Familie« hatten, doch war sie es wirklich?

Die Vorstellung der Familie von Perfektion setzte sich jenseits der Beziehung zwischen Mutter und Vater fort und wurde an die Kinder weitergegeben. Die Kinder mußten sich auch auf eine bestimmte Art und Weise verhalten. Rosario ging in eine katholische Schule, und ihr wurde eine gute Erziehung zuteil. In ihrer katholischen Erziehung wurde ihr beigebracht, daß fast alles, was sie tat, eine Sünde war. Wenn sie an Sex dachte, war es eine Sünde. Wenn sie in ihrem Zimmer masturbierte, war das sogar eine Todsünde. Warum? Weil der Glaubenssatz besagte, daß das Empfinden sexueller Gefühle schlecht war, obwohl es sehr menschlich war. Rosario meinte, daß sie eine gute Katholikin sein und von ihrer Familie und der Welt als gute Katholikin betrachtet werden mußte, also versuchte sie, sich ihre Menschlichkeit und ihre Gefühle zu versagen. Da dies aber sehr schwierig war, »versündigte« sie sich häufig und mußte oft zur Beichte gehen.

In Rosarios Familie gab es eine Reihe von Glaubenssätzen, die sich auf die Kinder auswirkten. Als sie ein kleines Mädchen war, lebte sie mit ihren Eltern, drei Schwestern und vier Brüdern in einem riesigen, zweistöckigen Haus. In ihrer traditionellen spanischen Familie herrschte die Überzeugung, daß Jungen weder saubermachen noch kochen mußten. Von den Mädchen wurde erwartet, das Haus zu putzen und alle Mahlzeiten zuzubereiten. Also verbrachten die Schwestern das ganze Wochenende mit dem Putzen des Hauses, dem Einkaufen und Kochen für die ganze Familie, während die Jungen ausgingen und sich amüsierten. Außerdem waren die Brüder herrisch, kommandierten die Mädchen herum und erwarteten von ihnen, daß sie alles taten, was man ihnen sagte. Rosarios Reaktion darauf war: »O Gott, ich will auf keinen Fall heiraten, denn das ist nicht fair. Das ist ja völlig unausgeglichen. Und ich will auf keinen Fall jemanden heiraten, der so ist wie mein Vater oder meine Brüder.«

Ein anderer Glaubenssatz, nach dem die Familie von Rosario lebte, bestand darin, daß jeder, der älter war, jedem Jüngeren sagen konnte, was er zu tun hatte. Sie war das zweitjüngste der acht Kinder, was bedeutet, daß dieser Glaubenssatz sich ganz besonders intensiv auf sie auswirkte. Selbst als erwachsene Frau sagten ihre Geschwister ihr, was sie tun sollte und was nicht. Sie sagten ihr beispielsweise, daß ihr Job nicht gut genug war. Sie ließen sie wissen, daß ihre Partner zu alt waren oder zu jung oder nicht ihrem eigenen Kulturkreis angehörten und aus diesem Grund für sie nicht richtig waren. Sie glaubten, das Recht zu haben, Rosario alles vorschreiben zu dürfen, und sie ihrerseits glaubte, auf ihre Geschwister hören zu müssen.

Nachdem Sie jahrelang so gelebt hatte, kam für Rosario schließlich der Zeitpunkt, wo sie wußte, daß sie sich behaupten mußte. Sie wurde eine Kriegerin. Sie beschloß, nicht mehr auf die Meinungen und Vorschläge ihrer Geschwister zu hören, und sie behauptete ihre neue Position gegenüber jedem einzelnen von ihnen mit Liebe und Ehrlichkeit. Sie teilte ihnen mit, daß sie kein Recht hatten, ihr zu sagen, mit wem sie zusammensein konnte oder welchen Job sie annehmen sollte. Da sie die Wahrheit sprach, empfinden ihre Geschwister nun einen ungeheuren Respekt für sie. Und Rosario respektiert ihre Brüder und Schwestern und liebt sie so, wie sie sind. Sie möchte sie nicht verändern – sie müssen sich selbst verändern wollen.

Im Alter ging eine Veränderung mit Rosarios Eltern vor, weil sie Angst vor dem Tod hatten, was sie dazu zwang, über ihr Leben nachzudenken. Als Resultat legten sie viele ihrer alten Glaubenssätze ab. Heute sind sie glücklicher und zufriedener als je zuvor. Rosarios Beziehung mit ihren Eltern veränderte sich jedoch erst, als sie sich auch ihnen gegenüber mit ihrer eigenen Wahrheit behauptete. Jetzt haben ihre Eltern größeren Respekt für sie, und sie liebt und verehrt ihre Eltern um so mehr. Jedoch brauchte Rosario lange, um einen Zustand gegenseitigen Respekts zu erreichen. Zuerst hatte sie sich selbst ändern müssen, indem sie die Glaubenssätze anfocht, mit denen sie aufgewachsen war.

Der Prozeß der Domestizierung

Die Glaubenssätze, die Ihnen in Ihrer Kindheit und Jugend vermittelt wurden, waren machtvoll. Sie übten einen großen Einfluß auf Sie aus aufgrund des Domestizierungs-Prozesses im Traum des Planeten, durch den Sie lernten, die Regeln anzunehmen und zu befolgen, die von dem jeweiligen Glaubenssystem aufgestellt wurden. Sie wurden, wie jeder andere, domestiziert, gezähmt. Ihr Geist wurde von dem Moment Ihrer Geburt an darauf trainiert, die Regeln zu lernen, zu wissen, was richtig und was falsch, was gut und was schlecht ist, wie man Aufmerksamkeit auf sich ziehen und das bekommen kann, von dem man glaubte daß man es haben will. Sie waren ein liebes Mädchen oder ein guter Junge, wenn Sie etwas taten, was nach Meinung Ihrer Eltern richtig war. Und Sie waren schlecht, wenn Sie die Regeln und Gebote Ihrer Eltern oder des Traumes des Planeten nicht befolgten, indem Sie zum Beispiel im Supermarkt Süßigkeiten klauten.

Denken Sie darüber nach, wie Sie ein Tier domestizieren, zum Beispiel einen jungen Hund. Sie füttern ihn und loben ihn, wenn er das tut, was Sie von ihm wollen, wie beispielsweise Gassi gehen. Doch wenn das Hundebaby ins Haus macht, schimpfen Sie mit ihm. Irgendwann lernt der junge Hund dann die Regeln – wenn er Gassi geht, kriegt er, was er möchte, nämlich Lob und ein Leckerli. Sie bezeichnen den Hund dann als stubenrein. Nun, einfach ausgedrückt, genauso wurden auch Sie domestiziert.

Durch den Vorgang der Domestizierung wurden Ihnen die Regeln eingeprägt, nach denen Sie Ihr Leben führen sollen. Man lehrte Sie, die Gebote der Gesellschaft, der Regierung und natürlich Ihrer Mutter und Ihres Vaters zu befolgen. Ihre Eltern glaubten, daß das, was für sie gut war, auch für ihre Kinder gut sein würde. Die Domestizierungs-»Akten« wurden dann in Ihrem Geist gespeichert und leiteten Sie an, wie Sie mit Ihren Mitmenschen umgehen, mit ihnen kommunizieren und sich im Hinblick auf Ihre eigene Person und auf andere zu fühlen haben. Als Beispiel einer Domestizierung nehmen wir einmal an, daß die Bürger einer imaginären Stadt finanziell alle gut dastehen. Im Laufe der Zeit beginnen sie zu glauben, daß sie bessere Menschen sind als die armen Individuen, die in einer benachbarten Stadt leben. Sie ziehen ihre Kinder in dem Glauben auf, daß sie bekommen, was sie verdienen. Sie glauben, daß sie mit finanziellem Erfolg belohnt werden, weil sie bessere Menschen sind. Außerdem sind sie davon überzeugt, daß die Leute in der anderen Stadt nicht gut sind und dafür »bestraft« werden, indem sie Armut erleiden. Die Kinder beider Städte lernen, in welcher Gesellschaft sie sich wohl fühlen, nämlich bei den Menschen, die aus der gleichen Stadt kommen, in denen sie selbst aufgewachsen sind. Sowohl der Glaubenssatz, mit dem sie aufgewachsen sind, als auch der Prozeß der Domestizierung bestimmen, welche Art von Wunden sie in ihren Herzen tragen. Für die Kinder in der armen Stadt bedeutet dies vielleicht, daß sie immer glauben werden, nichts wert zu sein, weil sie arm sind.

Der Parasit

Der Parasit ist eine Funktion Ihres Verstandes, der sich aufgrund des Domestizierungs-Prozesses entwickelt und auf dem jeweils vorherrschenden Glaubenssystem in Ihrem Umfeld basiert. Man kann ihn am besten als den ständigen inneren Dialog bezeichnen, der in Ihrem Kopf stattfindet. Diese innere »Stimme« bringt alle diese vielen Worte und Bemerkungen hervor, die Sie hören, wenn Sie über eine Sache nachdenken oder mit anderen Menschen interagieren. Der Parasit hilft, Ihre emotionalen Wunden zu kreieren und zu verstärken, und er führt Sie mit absoluter Gewißheit ins Unglück.

Der Parasit ist stets bei Ihnen, in jeder Situation Ihres Lebens. Nehmen wir zum Beispiel an, Sie befinden sich auf einer Party und jemand sagt etwas zu Ihnen. Sie reagieren, doch im nächsten Moment denken Sie, daß das, was Sie gesagt haben, dumm und komisch geklungen hat. Dieser Gedanke ist die Stimme Ihres Parasiten. Doch wenn Sie dann nach Hause gehen und alleine sind, macht sich der Parasit noch stärker bemerkbar. Sie denken bei sich, »O Gott, ich kann nicht glauben, daß ich das wirklich gesagt habe. Habe ich das tatsächlich gesagt? Das ist mir so peinlich. Was müssen die Leute nur von mir denken? Sie glauben bestimmt, daß ich komisch bin.« Dann fangen Sie an, zu projizieren. Sie projizieren ein Szenario, in dem die Menschen über Sie reden und behaupten, daß Sie ganz schön unverschämt sind, das zu sagen, was Sie gesagt haben. In Ihrem Inneren spielt sich eine komplette Konversation ab, in deren Verlauf Sie sich unbarmherzig selbst verurteilen. Bevor Sie wissen, was mit Ihnen passiert, haben Sie ein perfektes Drama inszeniert. Mit einem traurigen Gefühl denken Sie: »Wie konnte ich es überhaupt wagen, so etwas zu sagen? Das war das Dümmste, was mir je einfallen konnte. Ich fühle mich so schlecht, daß ich das gesagt habe.« Es ist eindeutig Ihr Parasit, der hier spricht, und das obige Szenario ist nur ein kleines Beispiel von dem, wozu Ihr eigener Verstand fähig ist. Es handelt sich dabei um eine Erfahrung, die Sie alle schon gemacht haben, und das Ganze ist ein Prozeß, der ziemlich extreme Formen annehmen kann.

Eine andere oft zu beobachtende Erfahrung mit

dem Parasiten ist folgende: Stellen Sie sich vor, Sie sind eine Ehefrau, die zu Hause auf ihren Mann wartet. Sie denken: »Wo ist mein Mann? Er hat nicht angerufen, und wir hatten vereinbart, daß er mit mir essen geht. Er hat nicht gesagt, daß er länger arbeitet.« Dann klingelt das Telefon, und wenn Sie den Hörer abheben, legt der Anrufer auf. Sie denken: »Wer war das? Hat mein Mann eine Affäre? Ist er bei einer anderen? Vielleicht ist das der Grund, warum er vor ein paar Wochen meinen Geburtstag vergessen hat. Ich bin ihm nicht mehr wichtig. Es gibt bestimmt eine andere Frau. Ich habe mir bisher noch nie Gedanken darüber gemacht, aber plötzlich macht das alles sehr viel Sinn.« Sie kreieren in Ihrem Inneren ein Riesendrama und reagieren darauf mit starken Emotionen. Und stellen Sie sich vor: Sie wissen nicht einmal, ob Ihre Vermutungen der Wahrheit entsprechen. Auch dies ist Ihr Parasit.

Der Parasit ist der Meister aller Meister in Ihrem Inneren. Sie haben ihn erschaffen, und durch die Domestizierung wird er immer machtvoller. Er überlebt, indem er sich an den Emotionen labt, die Ihnen im Verlauf des Domestizierungs-Prozesses beigebracht wurden, wie beispielsweise Traurigkeit, Neid und ständiges Urteilen. Er lernt, Ihre Schwächen auszunutzen und alles, was »Ihre Knöpfe drückt«. Er weiß genau, wie er Sie drehen und wenden muß, um eine Reaktion bei Ihnen hervorzurufen. Er kreiert Situationen, auf die Sie aus dem Bauch heraus mit Wut, Eifersucht, Schmerz oder Trauer reagieren. Wenn Sie mit solchen Emotionen reagieren, geben Sie Ihre Energie dem Parasiten. Ihr Parasit macht sich diese Energie zu eigen, was ihn noch stärker macht. Im Laufe Ihres Lebens wird Ihr Parasit immer machtvoller, weil er fortwährend Ihre Emotionen frißt, und er kreiert diese Emotionen immer wieder aufs neue, indem er Situationen schafft, auf die Sie reagieren.

Vielleicht merken Sie nicht, daß Sie durch Ihr emotionales Reagieren auf Situationen die Energien dieser Emotionen verstärken. Wenn Sie diese Energien nähren, breiten sie sich aus. Sie werden stärker. Als Resultat tauchen Sie jedes Mal, wenn Sie mit diesen Emotionen reagieren, noch tiefer ein in Eifersucht, Trauer, Wut, Depression, Selbstmitleid und so weiter.

Wenn Sie die Entscheidung treffen, Ihr Leben verändern zu wollen, müssen Sie sich Ihre Emotionen anschauen, Ihren Parasiten und das, was die Verhaltensmuster und Glaubensstrukturen in Ihrem Kopf aufrechterhält. Wenn Sie ein Spiritueller Krieger sind, befinden Sie sich im Kampf mit Ihrem Parasiten und den Glaubenssätzen, die Sie im Verlaufe Ihrer eigenen persönlichen Domestizierung verinnerlicht haben. Sie treten zum Kampf an, um die vielen Jahre dieser Domestizierung zu bekämpfen, in denen immer wieder die gleichen Situationen und Muster aufgetaucht sind. Wenn Sie zum Beispiel eine Frau sind, die ständig Beziehungen hat, in denen sie von ihrem Partner mißhandelt wird, und zur Kriegerin werden, dann können Sie entscheiden, sich dieses Muster anzuschauen und es zu ändern. Es wird sich nicht über Nacht verändern; Sie werden den Parasiten kontinuierlich im Auge behalten und Strategien erlernen müssen, um ihn zu transformieren. Und das ist nicht leicht, da der Parasit um sein Überleben kämpfen wird.

Es gibt zwei Aspekte des Parasiten: den Richter und das Opfer. Wir werden uns im nächsten Kapitel mit ihnen beschäftigen.

3

Der Richter und das Opfer

Der Richter

Ein Aspekt des Parasiten, der durch den Prozeß der Domestizierung kreiert wird, ist der Richter. Er sagt Ihnen immer genau, was Sie tun »sollten«. Stellen Sie sich vor, Sie stehen vor einem echten Richter oder schauen sich einen Film an, in dem ein Richter vorkommt. Sie werden feststellen, daß der Richter immer alles beobachtet, sich anhört, was gesprochen wird, Reaktionen notiert, die auftreten, und seine Meinung über die Vorgänge abgibt. Der Richter in Ihrem Inneren tut genau dasselbe: Er beurteilt alles, was Sie tun. Wenn Ihr Richter aktiv ist, sind Sie fortwährend Ihr eigener schärfster Kritiker. Wahrscheinlich verurteilen Sie sich selbst grausamer als irgendeine andere Person im Traum des Planeten.

Der Richter hat einen Job, der darin besteht, zwischen Ihren Glaubenssätzen, Erwartungen und Ihrer tatsächlichen Leistung zu unterscheiden. Die Glaubenssysteme im Traum des Planeten und daher Ihr eigenes Glaubenssystem sagen Ihnen, wie Sie sich im Leben präsentieren und verhalten sollen. Sie trichtern Ihnen ein, daß Sie ein Image brauchen, mit dem Sie dem Leben und anderen Menschen gegenübertreten. Wann immer Ihr Image im Traum des Planeten herausgefordert wird oder wenn Sie das Gefühl haben, nicht akzeptiert zu werden, macht sich Ihr Richter intensiv bemerkbar, sobald Sie sich außerhalb der Reichweite anderer Menschen befinden und alleine sind. Nehmen wir an, Sie sind eine Frau, die glaubt, es sei wichtig, eine »gute Mutter« zu sein, was Sie so definieren, daß Sie immer Geduld mit Ihrem zweijährigen Kind haben sollen. Dann kommt der Tag, wo Ihr Kind drei Stunden am Stück schreit. Sie versuchen alles, Ihr Kind zu beruhigen, doch es gelingt Ihnen nicht. Schließlich verlieren Sie Ihre Geduld und schimpfen mit dem Kind. Eine Stunde später, nachdem Sie sich beruhigt haben, fährt der Richter auf Sie nieder. Eine kleine Stimme in Ihrem Kopf beginnt, Dinge zu sagen wie: »Du sollst doch eine gute Mutter sein. Wenn du eine gute Mutter wärest, dann hättest du nicht deine Geduld verloren, also bist du keine gute Mutter. Was würden andere Leute von dir denken?« und so weiter und so weiter. Und dann kommen die negativen Gefühle.

Der Richter kreiert immer Gefühle wie Schuld oder Scham. Zum Beispiel mag Ihnen Ihr Richter nach einem Gespräch mit anderen Menschen sagen, daß Sie nicht die richtigen Worte gewählt haben oder daß Sie zu direkt waren oder nicht direkt genug oder daß Sie nie Ihre wirkliche Meinung geäußert und einfach nur Dinge gesagt haben, damit die anderen Sie akzeptieren. Ihre Gefühle können dabei sehr extrem sein, und vielleicht denken Sie: »Warum habe ich bloß nichts anderes gesagt?«, oder »Warum habe ich nicht was anderes getan?« Diese »Warums« sind die Stimme Ihres Richters. Der Richter sind Sie selbst. Wenn Sie der Richter sind, dann sind Sie Ihr eigener härtester Kritiker.

Der Richter kann in jedem Moment Ihres Lebens gegenwärtig sein und Ihr Glück und Wohlbefinden durch konstante Selbstverurteilung unmöglich machen. Obwohl Sie nach außen hin zufrieden und glücklich erscheinen, kann es sein, daß Sie im tiefsten Inneren das Gegenteil verspüren. Vielleicht empfinden Sie einen Augenblick des Glücks oder der Zufriedenheit, wenn Sie etwas erreicht haben, von dem Sie glauben, es sei ein wichtiges Ziel im Leben, und was den Richter dazu veranlaßt zu sagen: »Das hast du gut gemacht.« Doch bald ist dieses flüchtige Gefühl des Erfolges vorbei, und erneut schleicht sich Unzufriedenheit ein. Also kreieren Sie ein anderes Ziel, auf das Sie Ihre Aufmerksamkeit richten, wobei der Richter sagt: »Das nächste Mal mußt du mehr tun.« Wahres Glück ist die Zufriedenheit des Herzens und der Seele, unabhängig vom Ergebnis irgendeiner Situation. Glücklichsein bedeutet nicht, daß Sie ständig lachen und ein überwältigendes Gefühl der Freude empfinden. Wahre

Zufriedenheit kann sich als totale Ruhe und Friedlichkeit ausdrücken und sogar bedeuten, daß man nie mehr ein Wort mit anderen Menschen redet.

Das Opfer

Das Opfer ist ein weiterer Aspekt des Parasiten. Es ist der Teil von Ihnen, der sagt: »Armes Ich.« Er rührt von dem Wunsch nach ständiger Anerkennung her und wie traurig und leer Ihr Leben ist, wenn sie Ihnen nicht zuteil wird. Das Opfer verleitet Sie zu dem Bedürfnis, das Mitleid anderer Menschen zu wecken, weil die Dinge nicht so laufen, wie Sie wollen bzw. wie Sie glauben, daß sie laufen »sollten«. Das Opfer wird von der lauen Stimme des Selbstmitleids in Ihrem Kopf kreiert, das Ihnen sagt, welches Gefühl Sie von sich selbst haben. »Oh, ich armes Ich, ich habe diesen Job nicht bekommen, obwohl ich ihn wirklich verdient habe«, oder »Armes Ich, mein Mann hat mich mit den Kindern verlassen, und ich bin ganz alleine.« Die Wahrheit ist, daß Dinge im Leben geschehen – und nichts von dem bedeutet, daß Sie »arm« sind. Nur das Opfer in Ihrem Inneren versucht immer wieder, Sie davon zu überzeugen, und hat oft Erfolg damit. Sie müssen die Verantwortung übernehmen und handeln, wenn in Ihrem Leben Dinge passieren, die Ihnen nicht gefallen. Wenn Sie aktiv werden und das Opfer zum Teufel schicken, das Selbstmitleid und die Geschichten vom Armen Ich, können Sie alle die Dinge im Traum des Planeten deutlich sehen, die da sind, um Ihnen zu helfen. Es gibt Gesetze im Traum des Planeten, die auf Ihrer Seite sind.

Nehmen Sie zum Beispiel Joans Fall. Joan war neununddreißig Jahre alt und hatte zwei Kinder im Teenager-Alter. Zwanzig Jahre lang hatte sie eine schreckliche Ehe ertragen. Ihr Mann mißhandelte sie emotional und hatte eine Affäre nach der anderen, fügte nie seinen Teil zum finanziellen Unterhalt der Familie bei und kümmerte sich nicht um die Kinder. Nach vielen Jahren beschloß Joan endlich, sich von ihrem Mann scheiden zu lassen. Zur gleichen Zeit traten eine Menge unerwarteter Ausgaben auf, zum Beispiel für ein neues Auto. Joan konnte weder ihre Miete noch andere Rechnungen bezahlen und hatte Probleme mit ihren Kindern. Obwohl sie begonnen hatte, Verantwortung zu übernehmen, indem sie sich scheiden ließ, verfiel sie in die Rolle des Opfers, als die Dinge schwierig wurden. Sie tat sich selbst leid und beklagte sich bei jedem, der ihr zuhörte. Statt dessen hätte sie sich lieber über legale Möglichkeiten informieren sollen, wie sie für sich und ihre Kinder sorgen könnte, und darauf bestehen können, daß ihr geschiedener Mann Verantwortung für den Unterhalt seiner Kinder übernimmt. Doch sie zog es vor zu kämpfen und zu versuchen, Geld von Freunden und Familienmitgliedern zu leihen. Durch dieses Verhalten wurde ihr viel Aufmerksamkeit von Personen zuteil, die Mitleid mit ihr hatten. Joan wurde zum klassischen Opfer. Ein Spiritueller Krieger strebt danach, das Selbstmitleid zu beenden und zu handeln.

Das Schwingen zwischen dem Richter und dem Opfer

Stellen Sie sich das Symbol der Waage vor, die Waagschalen. Sie halten den Mittelpunkt der Waage in Ihrer Hand: Auf der einen Schale befindet sich der Richter und auf der anderen das Opfer. Die beiden Seiten der Waage bewegen sich auf und nieder. Zunächst haut der Richter Ihnen so brutal seine Selbstverurteilung um die Ohren, daß Sie sich in das tiefste Loch von Schuld und Scham verkriechen. Dann schwingt das Gewicht auf die andere Seite, und Sie werden zu einem Opfer voller Selbstmitleid. Dann schwingen die Schalen erneut in die andere Richtung, und der Richter beschimpft sie dafür, daß Sie sich selbst leidtun und ein Opfer sind. Sie zeigen mit dem Finger auf sich selbst und empfinden sich als schlechten Menschen, als traurigen Menschen, als Menschen, der nie im Leben irgend etwas richtig machen kann. Der Richter stößt Sie in die tiefsten Gefühle der Wertlosigkeit, was Sie wiederum zum größten Opfer macht. Dies sind die Tricks des Parasiten.

4

Haken und Masken

Haken

Es gibt immer eine Menge Herausforderungen, wenn Sie sich selbst und Ihr Leben in der Absicht betrachten, es zu verändern. Diese Herausforderungen tauchen auf, da Sie es sich – so unglücklich Sie auch sind und sosehr Sie sich auch ändern möchten – irgendwie mit den Dingen, so wie sie sind, bequem gemacht haben. Vielleicht wollen Sie sich unangenehme Dinge in bezug auf sich selbst nicht anschauen, oder Sie haben Angst vor dem Prozeß oder davor, was passieren wird, nachdem Sie sich geändert haben. Diese Gefühle kommen von dem Teil Ihres Wesens, der sich Veränderungen widersetzt, und sie werden noch verstärkt von dem Parasiten, der Dinge sagt wie: »Nun, eigentlich ist doch alles gar nicht so schlecht, es könnte viel schlimmer sein,« oder »Das wirkliche Problem sind die anderen Leute; wenn sie sich doch nur ändern könnten«, oder »Ich habe soviel zu tun, ich habe wirklich keine Zeit für so was.« Einige der Dinge im Traum des Planeten, die Ihrem Parasiten helfen, Ihren Wachstumsprozeß zu sabotieren, werden »Haken« genannt. Haken ködern Ihre Aufmerksamkeit, so daß Sie sich nicht selbst anschauen müssen. Und wenn Sie Ihre Aufmerksamkeit auf die Haken fokussieren, dann können diese Ihnen ohne weiteres Ihr Glück rauben.

Stellen Sie sich Haken vor. Vielleicht sehen Sie sie als Angelhaken. Wenn Sie angeln gehen, befestigen Sie einen kleinen Köder an der Spitze des Hakens, um damit Fische anzulocken. Der Traum des Planeten hält ähnliche Haken bereit: sie enthalten Köder, und der Fisch, den sie anlocken, ist kein Geringerer als Sie selbst. Diese Haken sind alle Dinge in Ihrem Umfeld, die Ihre Aufmerksamkeit ködern und Sie lange genug beschäftigt halten, so daß Sie sich nicht selbst anschauen müssen. Einige Beispiele von Haken sind die tausend verschiedenen Arten von Nahrungsmitteln, Restaurants, Konzerten, Musik, Kleidung und sonstige »Neonlichter« in Ihrem Leben. Und damit Sie sich nie langweilen und Ihre Aufmerksamkeit verlagern, verändern die Industrien, die diese Haken produzieren, ihre Produkte sehr schnell und ersetzen sie durch etwas Neues. Musik, Elektronik, Computer und Mode wechseln alle Augenblicke. Das Glaubenssystem des Traumes des Planeten sagt Ihnen, daß Sie stets die neuesten, wunderbarsten »Dinge« haben müssen, um akzeptiert zu werden.

Vielleicht möchten Sie, daß Ihre Nachbarn sehen können, was Sie alles besitzen. Zum Beispiel fahren Sie vielleicht ein luxuriöses Auto, damit jeder weiß, wie gut es Ihnen geht. Zur gleichen Zeit kann es aber passieren, daß ein bestimmter Nachbar Sie beneidet. Vielleicht wundert er sich, wie Sie sich dieses Auto leisten können, wenn er es nicht kann, wo Sie doch beide die gleiche Art von Job haben. Also muß er etwas erwerben, um Ihren Neid zu erregen. Auf diese Weise treten Sie in einen ständigen Kleinkrieg ein mit dem Ziel, besser dazustehen als der andere, und Sie investieren Ihre ganze Aufmerksamkeit und Kraft in dieses Konkurrenzdenken.

Wenn Sie diese Schlacht auf die nächste Stufe heben, verlieren Sie sich vollständig in allem, was innerhalb des äußeren Traumes existiert, während Sie darum kämpfen, sich die Dinge leisten zu können, die Sie sich wünschen. Sie haben zwei oder drei verschiedenen Jobs, damit Sie sich Ihr Traumauto und Ihr Traumhaus leisten können. Sie arbeiten so hart, daß Sie keine Zeit haben, diese Dinge zu genießen, wenn sie Ihnen erst einmal gehören, und das Geld ist so knapp, daß nichts für andere Dinge übrigbleibt. Sie können das wunderbarste Haus, das herrlichste Auto und den besten Job haben, doch sind alle diese Dinge noch immer nicht genug. Sie wollen mehr – Sie wollen noch bessere Dinge und eine höhere Position in Ihrer Firma. Und die ganze Zeit sind Sie weder glücklich noch zufrieden mit Ihrem Leben. Sie haben den Köder geschluckt, und die Haken fressen Sie auf.

Geld ist für die meisten Menschen im Traum des

Planeten einer der größten Haken. Sie können auf den Köder hereinfallen, weil sie entweder genug Geld haben wollen – und was ist schon »genug«? – oder durch Ihre Reaktion darauf, daß Sie es »weggeben« müssen. Vielleicht glauben Sie, daß Sie genug haben. Vielleicht lieben Sie es, zu arbeiten. Es macht Ihnen Spaß, und gleichzeitig verdienen Sie gutes Geld. Doch dann müssen Sie immer noch die Regierung für Ihr Vergnügen bezahlen, indem Sie Steuern abführen. Der Regierung einen großen Teil des Geldes geben zu müssen, kann Sie sehr unglücklich machen. Als Krieger müssen Sie daran arbeiten, das Geld für die Steuer gehen zu lassen. Geld ist ein Geschenk des Universums – es ist nicht das, was Sie glücklich macht.

Einer der stärksten Haken sind Beziehungen. Beziehungen im Traum des Planeten reflektieren, wie Männer und Frauen glauben, sich im Leben verhalten zu müssen. Die Medien zeigen Männern, wie man männlich ist. Fernsehen und Werbung zeigen den Frauen, wie sie schön aussehen können und was sie tun müssen, um Männer anzuziehen. Aus dieser Perspektive betrachtet ist es extrem wichtig, eine Beziehung zu haben. Frauen messen ihr Selbstwertgefühl daran, ob sie einen Partner haben. Falls sie weder verheiratet noch gebunden sind, haben sie das Gefühl, nicht begehrenswert oder gut genug zu sein.

Je nach der Umgebung und Kultur, in der Sie aufgewachsen sind, haben Sie wahrscheinlich gewisse Erwartungen in bezug auf die Ehe. Wenn Sie eine Frau sind, glauben Sie vielleicht, daß eine Ehe Ihren Status verbessert und Ihnen größeren Respekt garantiert, vor allen Dingen von den Mitgliedern Ihrer Kultur und Ihrer spirituellen Gruppe, Ihrer Kirche, Ihres Tempels oder irgendeinem anderen Verbund. Wenn Sie ein Mann sind, sind Sie vielleicht der Überzeugung, daß Ihnen aufgrund Ihrer Ehe in der Welt des Geschäfts und der Politik mehr Respekt entgegengebracht wird. Vielleicht ignorieren Sie sogar die Art und Weise, wie Ihr Beziehungspartner Sie behandelt, und glauben, daß Sie selbst dann, wenn Sie durchweg schlecht behandelt, ignoriert oder vernachlässigt werden, Ihre Ehe aufrechterhalten müssen. Vielleicht glauben Sie das, weil Sie in einer bestimmten Zeremonie Gott Ihr Versprechen gegeben haben oder weil Sie fürchten, das Ansehen Ihrer Kirche oder Gemeinde zu verlieren. Oder Sie bleiben in einer Beziehung, um ein Image aufrechtzuerhalten, und basieren Ihre Entscheidungen darauf, wie andere Menschen Ihre Situation sehen. Sie mögen denken, daß Sie dann, wenn Sie Ihre Beziehung beenden, in den Augen des Traumes des Planeten als Versager dastehen und demzufolge weniger begehrenswert, da alleinstehend (oder auch »unerwünscht«) sind. Also beschließen Sie, in diesem negativen Muster zu bleiben, und verlieren dabei das Gefühl für Ihren Selbstwert und Ihre Selbstachtung, nur um die Beziehung aufrechtzuerhalten.

Masken

Einige der anderen Dinge im Traum des Planeten, die Ihrem Parasiten helfen, Ihren Wachstumsprozeß zu sabotieren, werden Masken genannt. Masken sind Dinge, hinter denen Sie Ihr Gesicht verstecken, damit niemand weiß, wer Sie sind. Sie sehen anders aus – wie die Masken, die Sie anlegen. Vielleicht legen Sie jeden Tag eine Maske an; es gibt Millionen von Masken im Traum des Planeten. Masken sind die verschiedenen Gesichter, die Sie tragen, die verschiedenen Aussagen, die Sie dem Traum des Planeten gegenüber machen, um andere wissen zu lassen, wer Sie sind – nur zeigen diese Gesichter nicht, wer Sie wirklich sind unter der Maske. Zum Beispiel ziehen Sie sich eine Maske an, um zu zeigen, daß Sie sehr intelligent sind, oder der größte Künstler, den es je gab, doch tief in Ihrem Inneren fühlen Sie sich gar nicht so. Vielleicht sind Sie eigentlich sehr unsicher. Der Parasit sagt Ihnen, daß Sie die Masken anlegen sollen, damit die Menschen Sie mögen oder akzeptieren und Sie das bekommen werden, was Sie wollen.

Sie, wie jeder andere Mensch, werden ein Meister der Maske, doch handelt es sich dabei nicht um die Maske der Ehrlichkeit oder Untadeligkeit. Sondern es handelt sich um jede Maske, von der Sie meinen, daß Sie Ihnen das geben wird, von dem Sie glauben, daß Sie es haben oder erreichen wollen. Letzten Endes werden Sie einen Preis dafür zahlen müssen, diese Masken zu tragen. Bereits in der Kindheit lernen Sie, Masken zu tragen, und das setzt sich im gesamten Domestizierungsprozeß fort. Das ist der Grund, warum Kinder solch gute Manipulatoren werden. Als Sie ein Kind waren, erkannten Sie irgendwann, daß Sie dann, wenn Sie eine bestimmte Maske aufsetzten, das bekamen, was Sie haben wollten. Vielleicht bestand Ihre Maske darin, süß und nett zu sein, das liebe Mädchen, der gute Junge, das lustige Kind, der starke Kerl oder irgendeine andere Maske, von denen es zahllose gibt. Sie lernten schnell, welche Masken für Sie am besten waren. Als Erwachsener lernten Sie, immer mehr Masken zu tragen und eine wahre Meisterschaft im Maskentragen zu erlangen.

Zu behaupten, Sie seien ein phantastischer Liebhaber, ist eine der größten Masken im Traum des Planeten. Und Sex, genau wie Beziehungen, ist einer der größten Haken. Vielleicht möchten Sie der Liebhaber eines begehrenswerten Menschen im Traum des Planeten sein und ihn dann verlassen und sagen: »Ich habe diese bestimmte Person nicht nur besessen, sondern ich war der wunderbarste Liebhaber, den sie je gehabt hat.« Eine andere wichtige Maske ist die Maske des Reichtums. Vielleicht möchten Sie diese Maske tragen, die besagt, daß Sie reich sind, indem Sie ein teures Auto fahren, in einem luxuriösen Haus wohnen oder nur Designer-Kleidung tragen. Der Erwerb dieser Dinge kann weit über Ihr Budget hinausgehen, doch Sie kaufen sie trotzdem, nur um den Eindruck zu erwecken, daß Sie Geld haben und reich sind.

Sie haben deshalb so viele Masken, die Teil Ihres täglichen Lebens sind, weil diese Masken Sie davon abhalten, sich Ihr wahres Selbst anzuschauen. Sich eine Maske aufzusetzen ist so einfach und routiniert wie zu entscheiden, welches Kleid oder welchen Anzug Sie an diesem Tag tragen werden. Eine der weitverbreiteten Masken ist die, die Sie in Gegenwart

Ihrer Freunde tragen. Jeden Tag entscheiden Sie, ob Sie sich im Kreis Ihrer Freunde ehrlich geben oder ihnen etwas vormachen, eine Maske präsentieren, damit Sie gemocht und akzeptiert werden. Nicht nur Kinder und Teenager verhalten sich so.

Sie setzen Masken auf, unabhängig von Ihrer Religionszugehörigkeit, Ihrem Umfeld oder Ihrer Kultur. Als Erwachsener setzen Sie Masken auf, um den wunderbarsten Liebespartner zu angeln, bei den Mitgliedern Ihrer Kultur oder Gemeinde in hohem Ansehen zu stehen und in den Kreisen akzeptiert zu werden, zu denen Sie Zugang haben wollen. Sie wechseln Ihre Masken wie Ihre Kleidung. Sie verlieren sich so sehr in der Trennung von Ihrem wahren Wesen, daß Sie nie Ihre Seele anschauen. Währenddessen fühlen Sie sich in Ihrem Inneren leer und traurig und suchen ununterbrochen nach irgend etwas, um die Leere zu füllen.

Wenn Sie zu einem Spirituellen Krieger werden, legen Sie die Masken weg. Die Schleier, hinter denen Sie sich verborgen haben, fallen weg. Als Krieger stellen Sie sich der Angst, Ihr wahres Wesen zu erkennen, mit all Ihren Wunden und Schmerzen. Sie stellen sich dem Mißbrauch durch Ihre Mutter oder Ihren Vater und arbeiten daraufhin, sich selbst anzunehmen, wenn Sie Traurigkeit, Schmerz oder irgendeine andere Emotion empfinden. Sie stellen sich der Realität Ihres Lebens und reden offen darüber, egal wie »schlecht« es in den Augen des Traumes des Planeten sein mag. Nehmen wir zum Beispiel an, Sie sind heroinsüchtig und haben Heroin an Personen verkauft, die daran gestorben sind. Wenn Sie ein Spiritueller Krieger werden, sind Sie in der Lage, die harte, coole Maske der Gleichgültigkeit gegenüber dem Schmerz und dem Sterben anderer Menschen abzulegen. Sie übernehmen die Verantwortung für Ihre Handlungen, doch verurteilen Sie sich nicht. Sie schauen sich Ihre Verwundungen an und nehmen sich selbst bedingungslos an. Sie lassen jede einzelne Ihrer Masken fallen und lieben Ihr wahres Selbst. Damit beginnen Sie, die Masken des Glaubenssystems ein für allemal abzulegen.

Der erste Schritt im Fallenlassen dieser Masken beinhaltet, daß Sie ein Jaguar-Krieger werden. Ein Jaguar-Krieger zu werden schließt aber auch ein, eine Maske zu tragen. Es ist eine Maske, die Ihnen hilft, alle die anderen Masken, die Sie kreiert haben, zu zerstören. Wenn Sie die Maske des Jaguar-Kriegers anlegen, schauen Sie mit den Augen des Jaguars, nicht mir den Augen des Selbstmitleids oder der Verführung. Sie werden zum Jaguar und beobachten sich selbst in jedem Augenblick. Sie haben Geduld mit sich selbst, wenn Sie die Emotionen in Ihrem Inneren jagen, die Sie gefangenhalten. Sie nehmen an dem allmählichen, sanften Prozeß des Loslassens teil. Wenn Sie erst einmal alle Ihre Masken zerbrochen haben, sind Sie von Grund auf ein neuer Mensch. Sie sehen sich selbst frei, klar und in völliger Ehrlichkeit. Dann können Sie mit sich selbst tanzen und die Straße hinuntergehen und wirklich lieben, wer und was Sie sind. Sie haben sich vom Glaubenssystem des Traumes des Planeten gelöst. Sie haben Ihr eigenes Glaubenssystem, das darin besteht, alles zu lieben, was existiert, und in Ihrem Herzen ein Gefühl des Friedens zu haben.

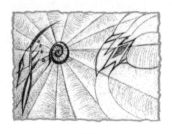

5

Vereinbarungen

Die Saat des Verhaltens

Vereinbarungen sind Glaubenssätze, die zu dem beitragen, was Sie denken und wie Sie über sich selbst fühlen. Sie werden Ihnen in der Regel in der Kindheit gegeben, während Sie domestiziert werden. Durch den Domestizierungsprozeß geben Ihre Eltern, Familie, Kultur, Kirche und andere Autoritätsfiguren die gleichen Vereinbarungen an Sie weiter, die ihnen ihrerseits von ähnlichen Personen oder Institutionen in ihrem eigenen Leben vermittelt worden waren. Diese Vereinbarungen und Handlungen lehren Sie, wie man leben und lieben soll. Sie präsentieren uns mit Ansichten über das, was richtig oder falsch ist, basierend auf dem, was die Übermittler für sich als Wahrheit erkannt haben. Wenn Sie erst einmal eine Vereinbarung annehmen und sich nach ihr richten, beeinflußt sie alles, was Sie denken, fühlen und tun. Um die Vereinbarung herum entwickelt sich ein bestimmtes Verhaltensmuster. Dieser Prozeß kräftigt wiederum die Vereinbarung und sorgt im Laufe der Zeit für einen »Tunnel« ähnlicher Erfahrungen.

Seit vielen Generationen sind Frauen durch die Lehren der Kirche Vereinbarungen aufgedrückt worden. Sie gehen zurück bis zur Geschichte von Adam und Eva. Eva wurde aus einer Rippe Adams kreiert, um ihm zu dienen. Zudem war sie spirituell schwächer, handelte entgegen den Wünschen Gottes und trug die Schuld an der Versuchung Adams und daran, daß er bei Gott in Ungnade fiel. Als Eva Adam den verbotenen Apfel reichte, kreierte sie all das Leiden, das seitdem im Traum des Planeten geschehen ist. Einige der Vereinbarungen, die seit dieser »Begebenheit« an Frauen weitergegeben wurden, lauten: Frauen sind die Dienerinnen der Männer; Frauen sind schuld, wenn im äußeren Traum etwas schiefgeht; und Frauen werden immer leiden, solange sie leben.

Stellen Sie sich die Kettenreaktionen im Laufe der Generationen vor, die aus den Vereinbarungen von Adam und Eva entstanden sind. Diese Vereinbarungen sind bis zum heutigen Tag erhalten geblieben, mit Variationen in den verschiedenen Religionen und Glaubenssystemen. Die Vereinbarungen dehnen sich über die Ebene von Religion und Familie in viele andere Bereiche des Lebens aus, einschließlich der Politik. Heute nehmen die Frauen ihre Situation in die eigenen Hände und treffen Entscheidungen, die sich gegen die Vereinbarungen wenden, doch diese Entwicklung ist erst seit ungefähr sechzig Jahren zu beobachten.

Das Altarmädchen

Die folgende Geschichte illustriert, wie eine Vereinbarung funktioniert. Sie handelt von einem kleinen Mädchen, das neun Jahre alt war und in deren Leben eine grundlegende Vereinbarung Fuß faßte. Dieses kleine Mädchen wuchs im katholischen Glauben heran und besuchte regelmäßig den Gottesdienst. Sie liebte es, mit ihrer Mutter, ihrem Vater und ihrer Familie am Sonntag in die Kirche zu gehen. Jede Woche sah sie, wie ihr Bruder seine Ministranten-Tätigkeit am Altar verrichtete. Was er tat, gefiel ihr, und sie wollte liebend gerne auch eine Ministrantin sein. Doch zu der Zeit, als sie heranwuchs, gab es das nicht, daß Mädchen eine solche Funktion innehatten. Mädchen und Frauen waren am Altar nicht erlaubt, außer um sauberzumachen, und das durfte nur geschehen, wenn kein Gottesdienst und niemand sonst in der Kirche war. Doch das kleine Mädchen wußte davon nichts.

Also sagte sie eines Tages nach der Messe zu ihrer Mutter: »Mama, ich möchte Gott dienen. Ich möchte ein Altarmädchen werden. Ich möchte am Altar sein und dem Priester dienen.« Ihre Mutter sagte: »Oh mein Liebling, nur die Jungen dürfen am Altar dienen. Es gibt keine Altarmädchen. Es ist Mädchen nicht erlaubt, am Altar zu dienen.« Das kleine Mädchen erwiderte: »Aber Mama, ich möchte wirklich so gerne dem Priester helfen. Können wir ihn fragen und ihm sagen, daß ich ein Altarmädchen sein will?« Ihre Mutter sagte: »Hast du schon jemals Mädchen gesehen, die am Altar dienten? Nein. Hast du überhaupt schon jemals Mädchen am Altar gesehen? Nein. Da hast du deine Antwort. Warum sollte der Priester dich plötzlich aus heiterem Himmel dienen lassen, wenn Frauen am Altar nicht erlaubt sind?« Das kleine Mädchen gab nicht auf und sagte: »Aber warum, Mama, warum? Ich würde mein Bestes tun. Ich möchte Gott dienen. Ich möchte die Beste sein für Gott.« Ihre Mutter antwortete: »Nur Jungen und Männern ist es gestattet, Priester zu werden. Mädchen dienen ihren Brüdern und Vätern, und Frauen dienen ihren Ehemännern. Frauen kümmern sich ums Haus und bekommen Kinder.« Basierend auf diesem Gespräch übernahm das kleine Mädchen die Vereinbarung von ihrer Mutter, daß Männer und Knaben automatisch etwas Besonderes sind. Weil Sie Gott am Altar dienen konnten, nahmen sie höhere Positionen von Autorität und Macht im Leben ein.

Obwohl sich das kleine Mädchen dieser Vereinbarung nicht bewußt war, die sie von ihren Eltern und ihrer Kultur angenommen hatte, erlebte sie in ihrem täglichen Leben die Muster dieser Vereinbarung in Aktion. Es waren stets Männer, die als Religionsführer auftraten, als spirituelle Berater mit spirituellen Antworten. Immer waren die Männer die politischen Führer, Philosophen, Künstler und sonstigen Autoritäten, die Macht im Leben hatten. Frauen jedoch als

Mütter und Hausfrauen mit wenig oder keiner Macht wurden dazu erzogen, alles dankbar anzunehmen, was man ihnen gab.

Diese Vereinbarung bezüglich der Autorität und Macht von Männern übte von da an eine ungeheure Wirkung auf das Verhalten des kleinen Mädchens aus. Sie machte sich in alltäglichen Erfahrungen bemerkbar, wie zum Beispiel dann, wenn sie es nicht wagte, in der Klasse ihre Meinung zu sagen und den Jungen zu widersprechen, oder auch in wichtigeren Situationen. Auf dem Gymnasium wollte sie sich als Kandidatin für die Präsidentschaft des Schülerrates aufstellen lassen, doch sie entschied sich dagegen, weil sie glaubte, daß nur Knaben politische Führer sein konnten. Es würde eine Menge Mut von ihr erfordert haben, sich als Kandidatin aufstellen zu lassen, da sie das einzige Mädchen war, das gegen die Jungen angetreten wäre. Doch sie fühlte sich nicht in der Lage, das überwältigende Glaubenssystem zu bekämpfen, das sowohl in ihrem eigenen Inneren als auch in ihrer Umgebung Gültigkeit hatte.

Alles im Leben war für dieses kleine Mädchen eine größere Herausforderung, weil ihr Geist so wild und frei war, und tief in ihrem Herzen wußte sie, daß sie andere Menschen führen wollte. Sie hatte die Kraft, zu führen und Gott zu dienen. Als sie älter wurde, erkannte sie, daß ihre Energie, ihre Sehnsucht und Liebe sich von denen eines Mannes nicht im geringsten unterschieden und daß ihre Gefühle vielleicht sogar noch aufrichtiger waren. Sie hatte ihren wilden Geist zurückgehalten – einen Geist, der auf jede mögliche

Art dienen wollte. Als junge Frau erkannte sie dann, daß sie gegen sich selbst und ihre Rolle im Leben vorgehen würde, sollte sie weiterhin dem Traum des Planeten folgen, und daß sie dann unglücklich und unzufrieden werden würde.

Also wurde diese junge Frau eine Spirituelle Kriegerin, um sich mit ihrem wahren Selbst zu verbinden und ihr Glück zu finden. Sie verstand, daß sie sich ihre Glaubenssätze anschauen und die Vereinbarungen tief in ihrem Inneren finden mußte, die sie zurückhielten. Als Spirituelle Kriegerin begann sie, sich an ihre Verhaltensmuster heranzupirschen und diese Vereinbarungen zu brechen. Ihr Wunsch war es, einen Zustand der Zufriedenheit zu erreichen. Als sie mit diesem Prozeß begann, hatte sie das Gefühl, nicht genau zu verstehen, was es bedeutete, sich an sich selbst »heranzupirschen«, da sie noch nie in ihrem Leben etwas dergleichen getan hatte. Doch tief in ihrem Inneren wußte sie, daß es ihr helfen würde.

Die Frau entdeckte, daß es in ihrem Leben viele Vereinbarungen gab und daß jede einzelne im Laufe der Jahre ihren eigenen Energie-Tunnel gegraben hatte. Diese Tunnel mußten leergefegt werden. Allerdings wußte sie auch, daß sie sich der meisten Vereinbarungen, die sie angenommen hatte, nicht bewußt war, und auch nicht, wie diese Muster ihr Leben beeinflußten. Ihr größtes Ziel war es, diese Muster zu ihrem Ursprung zurückzuverfolgen – die ursprünglichen Vereinbarungen dahinter ans Licht zu bringen. Dazu gehörte, daß sie auf ihrem Weg den Tunnel säubern und die Vereinbarungen brechen mußte, sobald sie sie fand.

Die junge Frau begann mit dem gegenwärtigen Tag und fing an, sich ihr Leben anzuschauen. Sie sah, daß ihre Rolle als Frau sich von der des Mannes unterschied. Das war deutlich überall in ihrer Umgebung zu erkennen. Bei den diversen Zusammentreffen waren es stets sie und die anderen Frauen, nie die Männer, die die Getränke bereitstellten und das Essen kochten. Mechaniker und Reparaturarbeiter nahmen sie nicht ernst; stets forderten sie, mit ihrem Mann zu sprechen. Die junge Frau sah, daß in ihrem Leben nur Männer Autoritätspositionen innehatten, während die Frauen domestiziert wurden, um den Männern zu dienen.

Die junge Frau schaute sich ihre Ehe und Arbeitssituation im täglichen Leben an. Sie merkte, daß sie arbeitete, weil sie arbeiten »mußte«, doch hatte sie ihren Job nie gemocht oder gar als Karriere betrachtet – als Möglichkeit für sie, zu wachsen. Außerdem erkannte sie, daß sie geheiratet hatte, weil das von Frauen erwartet wurde, und daß ihre Rolle als Ehefrau ihres Mannes wichtiger war als ihr Job. Die junge Frau spürte, wie die Führernatur in ihrem Inneren sich Ausdruck verschaffen wollte; ihr wurde klar, daß sie eine Karriere haben wollte, nicht nur irgendeinen Job, und daß sie gegen ihr wahres Selbst vorgehen würde, wenn sie den Wunsch nach einer Karriere unberücksichtigt ließe. Außerdem fühlte sie, daß sie – obwohl sie ihren Mann liebte – eine Beziehung mit ihm haben wollte, in der beide gleichwertig waren und nicht die eine die Dienerin des anderen.

Während die junge Frau immer weiter auf die Muster in ihrem Leben zurückblickte, traten bestimmte Ereignisse besonders hervor. Sie erinnerte sich, wie sie nach Abschluß des Gymnasiums eine Beziehung mit dem Mann begann, den sie schließlich heiratete. Damals hatte sie mehrere Gespräche mit ihren Eltern über ihre Zukunft. Sie wollte aufs College gehen wie ihre Brüder und eine Stellung in der Kirche annehmen, um Gott zu dienen, doch weil sie eine Frau war, sagten ihre Eltern ihr, daß sie heiraten, eine Familie gründen und Kinder großziehen sollte. Obwohl ihr bei diesen Gesprächen mit ihren Eltern das Herz schwer wurde, war sie damit einverstanden, zu heiraten. Ihre Mutter sagte ihr: »Er ist so ein netter Mann, mit ihm hast du einen guten Fang gemacht. Eure Kinder werden ganz besonders hübsch sein.«

Als die junge Frau über die Erinnerung nachdachte, begann ihr die mit diesem Verhaltensmuter einhergehende Vereinbarung bewußt zu werden. Sie sah, wie sie sich selbst zurückgehalten hatte, weil sie eine Frau war, und wie sie Männer als diejenigen wahrgenommen hatte, denen Autorität und Macht im Leben zustanden. Auf diese Weise schaute sie sich ihr Leben weiter an. Sie erinnerte sich an ihre Zeit im Gymnasium und wie gerne sie sich für eine Position im Schülerrat beworben hätte. Sie ging immer weiter zurück, und ähnliche Ereignisse stiegen in ihrer Erinnerung hoch. Schließlich erkannte sie die all diesen Erfahrungen zugrundeliegende Vereinbarung, die ihr an dem Tag gegeben wurde, als sie ihrer Mutter sagte, daß sie ein Altarmädchen werden wollte.

An diesem Punkt beschloß die junge Frau, diese

Vereinbarung, die sie als junges Mädchen übernommen hatte, zu brechen. Dadurch wurde ihr bewußt, daß sie nicht nur sich selbst half, sondern ein Vorbild für andere Frauen wurde, was der Grund war, warum sie auf die Welt gekommen war. Sie öffnete eine Tür, um das so lange vorherrschende Glaubenssystem zu verändern. Sie sah, daß sie hier war, um gemeinsam mit anderen die Vereinbarungen zu ändern, die kleinen Mädchen von der Gesellschaft und den Religionen gegeben wurden. Ihr Weg bestand darin, Frauen zu zeigen, daß sie etwas Besonderes sind, daß sie Heilerinnen, machtvolle Politikerinnen und überhaupt alles das sein können, was bis dahin nur den Männern möglich war. Sie hatte gelernt, daß der innere Mut, im Leben einen Schritt vorwärtszugehen, in der Kraft bestand, alte Glaubenssätze aufzuheben und zu transformieren.

Diese Geschichte des Altarmädchens ist ein Beispiel dafür, wie eine Vereinbarung Ihr Leben zutiefst beeinflussen kann. Sie haben im Laufe der Jahre viele, viele Vereinbarungen übernommen, einige machtvoller als andere. Diese Vereinbarungen kreieren in der Regel emotionale Wunden und wirken sich – wie zuvor beschrieben – auf Ihr Verhalten aus, indem sie bestimmte Verhaltensmuster etablieren. Für das Möchtegern-Altarmädchen bestand das Muster in dem Gefühl, nicht gut genug zu sein. Wenn Sie sich Ihre Vereinbarungen nicht genau anschauen, werden Ihre Verhaltensmuster weiterhin bestehenbleiben und sich auf Ihre Kinder übertragen.

Das mißbrauchte Kind

Ein anderes Beispiel für eine machtvolle Vereinbarung, die eine tiefe Wunde verursachen kann, ist die Erfahrung sexuellen Mißbrauchs. Falls Sie als Kind von einem Elternteil sexuell mißbraucht wurden und sich die aus dieser Vereinbarung resultierende Wunde später nicht anschauen und sie heilen, werden Sie Ihr Leben lang dieses Muster des Mißbrauchs in Ihren Beziehungen fortsetzen. Wahrscheinlich werden Sie jemanden heiraten, der auch mißbraucht wurde, und damit wird das Muster auf Ihre Kinder übertragen. Die Intention dieser Arbeit ist es, ein solches Muster zu brechen, indem wir die dahinter verborgene Vereinbarung finden und genau anschauen und dann die daraus entstandene Wunde heilen.

Wenn Sie als Kind mißbraucht werden, lernen Sie viele Vereinbarungen, die mit diesem Mißbrauch zu tun haben. Sie lernen, daß es zwischen Ihnen und anderen Menschen keine Grenzen gibt. Sie lernen, daß Sie anderen gegenüber nicht »nein« sagen können, da beim Mißbrauch kein Raum ist für ein »Nein«. Ihr Elternteil (oder irgendeine andere Person, der Sie vertrauten), der wichtigste Lehrer in Ihrem Leben, hat keinen Respekt vor Ihnen und überschreitet Ihre physischen und emotionalen Grenzen. Als Kind können Sie diesem Menschen, der die wichtigste Autoritätsfigur in Ihrem Leben ist, den Sie lieben und dem Sie vertrauen, den Sie aber gleichzeitig auch am meisten fürchten, kein »Nein« entgegenhalten. Einige grundlegende Vereinbarungen, die Sie als mißbrauchtes

Kind übernehmen, sind: Sie können nicht »nein« sagen; es ist okay, wenn andere Ihre Grenzen überschreiten, und es ist genauso okay, wenn Sie die Grenzen anderer nicht respektieren; es ist normal, daß Menschen, die Sie lieben und denen Sie vertrauen, Ihnen weh tun; Sie sind machtlos und können sich selbst nicht schützen; und Sie haben keine Selbstachtung.

Sie werden heranwachsen und entweder von einer Beziehung mit einem gewalttätigen Partner in die nächste schlittern oder in einer bestimmten negativen Beziehung bleiben, bis Sie diese Vereinbarungen entdecken und heilen; bis Sie beschließen, nach innen zu schauen und Ihre emotionalen Wunden zu sehen. Sie müssen sich alle Emotionen anschauen, die in jedem Augenblick Ihres Lebens auftauchen. Unter Umständen haben Sie viele Emotionen, viel Traurigkeit und Schmerz, und keine Ahnung, woher diese Gefühle kommen. Sie müssen anfangen, sich Ihr Leben sehr genau zu betrachten, tief in Ihr Herz zu schauen, um zu sehen, worauf dieses Muster zurückzuführen ist. Vielleicht wissen Sie nicht, warum Sie unglücklich sind. Vielleicht erinnern Sie sich nicht an den Mißbrauch und bringen Ihre Emotionen nicht damit in Zusammenhang. Sich zu erinnern und die Folgen zu erkennen kann ein langwieriger Prozeß sein.

Bei dem Prozeß der Heilung geht es nicht darum, die Person zu verurteilen, die Ihren die Vereinbarungen gegeben oder Sie mißbraucht hat. Natürlich werden Sie zunächst Wut und andere Emotionen verspüren, wenn Sie den Grund Ihrer Traurigkeit erkennen.

Doch die Intention besteht darin, die Tunnel der Vereinbarungen zu säubern – Ihre Wunden anzunehmen und zu heilen –, bis Sie einen Punkt erreichen, an dem es keine Wut mehr gibt; Sie erkennen, daß die Situation einfach passiert ist. Danach kann Ihnen nichts mehr Ihr Glück nehmen. Egal in welcher Situation Sie sich befinden, in Ihrem Herzen haben Sie Zufriedenheit, denn Sie haben für diese Zufriedenheit gearbeitet. Sie haben daran gearbeitet, sich die Wunden in Ihrem Inneren anzuschauen, die Trauer zu fühlen und den Schock darüber zu erleben, was für Sie Wahrheit bedeutet, und Sie haben daran gearbeitet, das Ganze zu heilen.

Heilung bedeutet, den Punkt zu erreichen, wo Ihr Preis – Ihre Selbstachtung – viel höher ist. Dann stellen Sie sich selbst auf ein Podest. Sie respektieren, lieben und behandeln sich selbst so, wie Sie die mächtigste Königin oder den mächtigsten König behandeln würden. Sie empfinden ungeheure Liebe für Ihren eigenen Körper, Ihren Geist und Ihre Seele. Wenn Sie die Vereinbarungen ändern, beginnt sich die Schwingung Ihres persönlichen Lichtstrahles, Ihr eigenes Energiefeld, zu verändern. Sie fangen an, das Gift aus Ihrem System zu entfernen, und Sie werden immer strahlender. Wenn das Gift weg ist, haben Sie endlich Raum, sich selbst zu lieben. Und wenn Sie sich selbst lieben, reflektieren Ihre Handlungen diese Liebe. Anstatt sich einen Partner zu suchen, der Sie schlecht behandelt, wählen Sie jemanden, der bereits an seiner persönlichen und spirituellen Entwicklung gearbeitet hat und mit dem Sie wahrhaft und ehrlich kommunizieren können, so wie Ihr Partner wahrhaft und ehrlich mit Ihnen kommunizieren kann. Die Intention Ihres Partners, genau wie Ihre eigene, besteht darin, nicht in alte Muster zu verfallen. Sie achten auf sich selbst und tun die Dinge für sich, von denen Sie möchten, daß Ihr Partner sie für Sie tut, da Sie Ihr eigener bester Partner sind. Und Sie hegen keine Erwartungen an Ihren Partner. Sie genießen und lieben einander, das ist alles.

6

Eduardo

Kulturelle Reflexionen

Die folgende Geschichte zeigt, wie der Richter, das Opfer, die Vereinbarungen, Haken und Masken im täglichen Leben zum Tragen kommen. Sie handelt von einem Mann, der einige Jahre bei mir gelernt hat; sein Name war Eduardo. Eduardo war vierzig Jahre alt und war mit den Glaubenssätzen und kulturellen Wertbegriffen einer traditionellen spanischen Familie aufgewachsen. Er hatte zeit seines Lebens hart gearbeitet und alles getan, was er entsprechend dem Traum des Planeten tun mußte, um im Leben voranzukommen. Eduardo ging aufs College, erhielt gute Noten, erlangte einen akademischen Grad, nahm Jobs an, die ihm beruflichen Erfolg versprachen, traf die richtigen Leute und so weiter. Eines Tages war eine Beförderung fällig, was eine bessere Position in seiner Firma bedeuten würde. Er tat alles, was er konnte, um diese Beförderung zu bekommen.

Die Beförderung war ein Haken für Eduardo. Er wollte sie unbedingt und fokussierte seine ganze Aufmerksamkeit darauf. Er dachte: »Was kann ich tun, um diese Position zu bekommen? Wie kann ich mich selbst so präsentieren, daß klar wird, daß ich für diese Position am besten geeignet bin?« Der neue Job köderte ihn, weil er einen Aufstieg von seiner bisherigen Position bedeutete. Das würde auf seinem Resümee gut aussehen. Seine Mitmenschen im Traum des Planeten würden ihm mehr Respekt entgegenbringen. Die neue Stelle bedeutete einen höheren Status. Er würde mehr akzeptiert sein und das Gefühl haben, es »geschafft« zu haben. Auch in den Augen seiner Frau würde er besser dastehen, da er mehr Geld verdienen und es der Familie finanziell besser gehen würde. Das einzige Problem war, daß es einen Mitbewerber um diese Position gab, John, der aus einer anderen Kultur kam und versuchte, die gleiche Beförderung zu ergattern. Und Eduardo fühlte sich durch John verunsichert.

In unserem Schicksals-Kreis und auf dem Weg spirituellen Wachstums in unserem Leben werden wir jeden Augenblick mit den Ängsten in unserem Inneren konfrontiert. Eduardo wuchs in einer Kultur heran, die ihn lehrte zu glauben, daß er sich fortwährend in Konkurrenz zu der Kultur befand, aus der John kam. Seine größte Angst und Herausforderung im Leben bestand darin, mit einem Menschen wie John aus der anderen Kultur verglichen zu werden und konkurrieren zu müssen.

Eduardo ging an dem Tag, an dem sein Chef die Entscheidung treffen würde, schon früh ins Büro. Während er darauf wartete, daß man ihm die Entscheidung mitteilte, spürte er einen Anflug von Angst und Unsicherheit in seinem Inneren. Doch er wollte nicht, daß andere merkten, wie er sich fühlte, also setzte er eine Maske auf, die besagte, daß er zuversichtlich und guten Mutes war. Dann bestellte der Boß, der der gleichen Kultur angehörte wie John, Eduardo zu sich und sagte ihm: »Also, es war eine schwierige Entscheidung. Sie haben hart gearbeitet und Gutes geleistet. Wir schätzen Sie in Ihrer gegenwärtigen Position in der Firma, doch John arbeitet schon ein bißchen länger hier, und zu diesem Zeitpunkt hat er die Beförderung verdient. Sie werden auf jeden Fall bei der nächsten Gelegenheit berücksichtigt.«

Eduardo war wütend und enttäuscht, als er das Büro seines Chefs verließ. Er setzte jedoch sofort eine Maske auf, um John gegenüber wohlgemut zu erscheinen, damit er ihm gratulieren konnte, obwohl er in Wahrheit keinerlei solche Gefühle für John hegte. Im Gegenteil, er hatte das starke Bedürfnis, ihm eine zu knallen. Sein Magen revoltierte, und sein ganzes Wesen war von Zorn erfüllt. Doch im Traum des Planeten war es ein Zeichen von Reife, auf John zuzugehen, ihm zu gratulieren und sich wieder an den eigenen Schreibtisch zu setzen.

In Gegenwart seiner Kollegen trug Eduardo die

Maske, weder wütend noch verunsichert darüber zu sein, die Beförderung nicht bekommen zu haben. Einer nach dem anderen kamen sie zu ihm und sagten: »Tut mir leid, Eduardo, es ist wirklich schade, daß du den Job nicht bekommen hast.« Jedem von ihnen antwortete er: »Macht nichts. Irgendwas anderes wird sich ergeben.« Er setzte sich diese Maske auf, um den anderen zu zeigen, daß er sich keine Sorgen machte und alles okay war. Doch tief in Eduardos Herzen stimmte das nicht, es war nicht seine Wahrheit. Eduardos Wahrheit bestand vielmehr darin, daß er wirklich wütend war. Er durchlebte sämtliche Emotionen, die sich seit seiner frühen Kindheit in ihm angesammelt hatten und die damit zu tun hatten, daß er mit Personen aus dem anderen Kulturkreis verglichen wurde. Die Tatsache, daß er nicht befördert worden war, brachte diese Gefühle in einer Intensität an die Oberfläche, wie er sie noch nicht erlebt hatte. Dennoch sagte ihm die kleine Stimme in seinem Kopf, sein innerer Richter, was er tun sollte – nämlich hinzugehen und John zu gratulieren – und was er fühlen sollte, nämlich glücklich für John zu sein und seinen Kollegen zu versichern, daß ihm das alles nichts ausmachte und es ihm gutging.

Nach der Arbeit genehmigte Eduardo sich in einer Bar ein paar Flaschen Bier. Er dachte bei sich selbst: »Wieso habe ich eigentlich den Job nicht bekommen?« Sofort meldete sich der Richter zu Wort und haute ihm eins über die Rübe, indem er ihm sagte, daß er nicht gut genug für diesen Job war. Damit begann der Kreislauf des Opfers. Eduardo empfand

Selbstmitleid. Er fühlte sich als »Armes Ich«. Er dachte: »Warum nicht ich?« Er fragte sich: »Wieso war ich nicht gut genug, den Job zu kriegen?« Er hatte das Gefühl, daß es daran lag, daß er in seine spanische Kultur hineingeboren und in ihr aufgewachsen war. Nach ein paar Drinks verlagerte sich sein Denken sogar noch mehr in diese Richtung, und das Selbstmitleid wurde noch stärker. Er dachte: »Verdammt, ich bin in einer armen Umgebung aufgewachsen und habe mein Leben lang hart gearbeitet. Ich habe mein Bestes getan, und schau an, ich habe den Job nicht bekommen.« Eduardo verließ die Bar und ging nach Hause. Der Richter und das Opfer hatten dafür gesorgt, daß er sich hundeelend fühlte; außerdem war er noch immer sehr wütend. Er ging seinen Kindern aus dem Weg und ließ seine Wut automatisch an seiner Frau aus. An diesem Abend kritisierte er sie für alles und behandelte sie, als ob sie wertlos sei, weil er sich selbst wertlos fühlte.

Ein näherer Blick auf Eduardos Glaubenssätze und Vereinbarungen

Eine der Vereinbarungen, die Eduardo während seiner Kindheit angenommen hatte, besagte, daß diese andere Kultur besser war als seine eigene. Er lernte, daß Mitglieder der anderen Kultur immer seine Konkurrenten sein würden, daß sie die Besten sein würden und daß er immer mit ihnen konkurrieren müßte, indem er besonders hart arbeitete. Eduardo glaubte dies mit jedem Atemzug. Also ließ er sich ausbilden und tat alles, was in seinen Kräften stand, um mit ihnen zu konkurrieren, und raten Sie mal, was passierte? Als sich eine Situation ergab, in der er sich Kopf an Kopf mit einem Mitglied der anderen Kultur befand, besiegte ihn der Betreffende. Warum? Weil das Glaubenssystem, das ihm von seiner Familie und Kultur gegeben wurde, besagte, daß der Rivale von der anderen Kultur besser war. Was zu dem Ergebnis führte, daß Eduardo das Gefühl hatte, nicht gut genug zu sein.

Eduardo mußte daran arbeiten, diese Vereinbarung, nicht so gut zu sein wie die Mitglieder der anderen Kultur, zu brechen. Ansonsten würde er weiterhin durchs Leben gehen und die anderen nur aus dem Grund nicht leiden können, weil er diese Gefühle hatte. Außerdem würde er irgendwann feststellen, daß die gleichen Konkurrenz-Situationen immer wieder auftauchen und seine Vereinbarung verstärken würden, sein Unglücklichsein und seine geringe Selbstachtung.

Als Eduardo zum Krieger wurde, fokussierte er sich statt dessen darauf, die Vereinbarungen zu brechen, die sein Leben beherrschten. Er gelangte an einen Punkt, an dem er wußte, daß der einzige Konkurrent der war, der in seinem eigenen Kopf existierte. Nachdem er die von ihm übernommenen Vereinbarungen gebrochen hatte, litt er nicht mehr länger unter ihren Einschränkungen; wäre er zum Zeitpunkt seiner potentiellen Beförderung ein Krieger gewesen, hätte er weder Angst noch Zweifel gehabt und den Job bekommen, falls er ihn in seinem tiefsten Inneren wirklich gewollt hätte. Oder es wäre ihm klar gewesen – hätte er den Job nicht bekommen –, daß alle Situationen im Leben ungeheure Möglichkeiten bieten. Für Eduardo manifestierte sich diese Erkenntnis erst nach vielen Jahren des Lernens.

7

Spiegel und der Austausch von Energie

Spiegel

Als ein Mensch, der im Traum des Planeten lebt, dreht sich Ihre Existenz von dem Moment an, wo Sie auf die Welt kommen, um andere Menschen. Sie interagieren und tauschen konstant Energie mit anderen aus und dienen dabei als Spiegel für Ihre Mitmenschen, in dem sie sich selbst erkennen können, während sie ihrerseits Ihnen als Spiegel dienen. Der Austausch von Energie ist das Fundament des Pirschens, und Spiegel zeigen und erhellen das, an was Sie sich heranpirschen.

Ihre Aufgabe ist es, jeden Augenblick für den Zyklus Ihrer Seele offen zu sein, ein Prozeß, der Tausende von Inkarnationen umfaßt. Alles – jede Situation, die sich Ihnen in diesem Leben präsentiert – hat es auch schon in vorhergehenden Inkarnationen gegeben. Jede Umgebung, mit ihren Bäumen, Felsen, Gebäuden und Menschen, ist in vergangenen Inkarnationen Teil Ihres Lebens gewesen. Alles in Ihrem Leben ist ein Spiegel, der Ihnen noch einmal vorgehalten wird, damit Sie sehen, wie Sie in diesem Leben agieren oder reagieren werden, und Ihnen auf diese Weise eine Gelegenheit für spirituelles Wachstum zu bieten.

Alles in Ihrem Leben ist eine Reflexion Ihres Seins. Alles, was Sie in Ihrer Umgebung sehen, entspringt Ihren eigenen Augen, Ihren eigenen Wahrnehmungen und Ihren eigenen Emotionen. Welche Emotionen Sie auch fühlen mögen, es sind immer Ihre eigenen, nicht jene der Person, die Ihnen gegenübersteht. Kein anderer Mensch ist die Ursache dafür, daß Sie reagieren oder bestimmte Emotionen empfinden. Sie mögen mit dem Finger auf andere zeigen und sagen, daß sie wütend sind oder Sie wütend machen. Doch die Wahrheit ist, daß Ihre Gefühle nur mit Ihnen zu tun haben; die Spiegel reflektieren Ihre Gefühle zu Ihnen zurück. Wenn Sie in einen Spiegel schauen und sehen, wie Sie Ihre Haare kämmen, ist es nicht der Spiegel, der Ihre Haare kämmt; *Sie* kämmen Ihre Haare, und das wird im Spiegel reflektiert. Alles in Ihrem Leben spiegelt Ihnen zurück, wie Sie Ihr eigenes Leben sehen und sich der Welt präsentieren.

In jeder Interaktion gibt es Spiegel. Was immer Sie an Ihrem Chef nicht leiden können, ist in Wahrheit eine Reflexion von etwas, das Sie an sich selbst nicht ausstehen können. Sie befinden sich in dieser Beziehung, weil Sie und Ihr Chef etwas Gemeinsames zu erledigen haben. Es gibt hier eine bestimmte Dynamik, ein Muster des Interagierens, das seinen Ursprung in einem vergangen Leben hat und in dieser Inkarnation zwischen Ihnen beiden geklärt werden muß. Jede Situation in Ihrem Leben enthält etwas, das Sie sich anschauen müssen. Der Schlüssel hierzu ist genug Bewußtsein, um sich nicht in den Energiefeldern anderer Menschen zu verheddern. Sich nicht zu verheddern bedeutet, nicht auf Situationen zu reagieren. Dazu gehört Bewußtsein und Zufriedenheit mit sich selbst. Wenn Sie von anderen Menschen geködert werden und auf sie reagieren, werden sich die emotionalen Muster in diesem und in zukünftigen Lebenszeiten von einer Erfahrung zur nächsten fortsetzen.

Denken Sie an das letzte Mal, als Ihr Chef oder irgendein anderer wichtiger Mensch in Ihrem Leben harte Worte an Sie gerichtet hat. Haben Sie auf diese Worte reagiert, wie Sie es vielleicht schon in anderen Inkarnationen getan haben, indem Sie still wurden und sich schlecht fühlten? Oder besaßen Sie das Bewußtsein, Ihre Reaktion zum Wohle des Wachstums Ihrer Seele zu verändern, indem Sie ruhig Ihre Meinung sagten und auf eine distanzierte Weise fragten, warum er oder sie so unvernünftig war? Falls Sie nicht reagiert haben und gleichzeitig distanziert geblieben sind, zeigt das, daß Sie sich selbst gemeistert haben. Wenn Sie die Meisterschaft über sich selbst erringen, verlieben Sie sich in sich selbst. Sie sind sanftmütig;

Sie haben genug Bewußtsein, mit jeder Situation fertig zu werden, die sich Ihnen präsentiert. Sie können die Situation einfach hinter sich lassen und nichts tun oder sagen, was sich für Sie nicht gut anfühlt. Sie können in der Situation bleiben und Ihre Wahrheit äußern und Ihr inneres Gleichgewicht beibehalten. Wenn Sie sich selbst meistern, reinigen Sie die Spiegel, die Ihnen im Laufe Ihres Lebens präsentiert werden.

Wenn Sie ein Krieger/eine Kriegerin sind, besteht Ihre Intention darin, den Spiegel Ihres Lebens zu reinigen, der der Spiegel Ihrer Seele ist. Dieser Prozeß beginnt, wenn Sie der Richter oder das Opfer werden und feststellen, daß Sie im Rahmen der Glaubenssätze und Vereinbarungen leben, die Ihnen seit Ihrer frühesten Kindheit gegeben wurden. Sie müssen diese Vereinbarungen bewußt erfahren, um mit der Veränderung beginnen und den Spiegel säubern zu können. Jede Erfahrung, die Sie in anderen Inkarnationen gemacht haben, wird Ihnen in diesem Leben wieder und wieder präsentiert, bis Sie im Spiegel Ihrer Seele gereinigt ist und Sie im Frieden mit dieser Erfahrung sind. Das bedeutet, daß Sie keine Reaktion mehr darauf haben. Statt dessen empfinden Sie nur Liebe und Achtung für sich selbst; Sie werden ein Spiegel der Liebe und der Achtung für andere Menschen, die in Ihr Leben treten, einschließlich Alkoholikern, Prostituierten und Mördern. Sie finden Frieden in allem, was Ihnen das Leben bringt, in jedem Augenblick und in allen Situationen.

Der Sinn Ihres Lebens ist Ihre Seele, doch nicht

alles im Leben lehrt Sie, sich Ihrer Seele bewußt zu sein. Das Leben lehrt Sie, sich Ihrer Intelligenz und Ihres Karriere-Status bewußt zu sein. Ja, es ist gut, wenn Sie Ihr Dasein hundertprozentig auskosten und Fülle erleben. Doch Sie müssen nicht zum Opfer werden und alles haben wollen, nur weil Sie voller Selbstmitleid sind und erreichen wollen, daß Ihre Mitmenschen Sie respektieren. Sobald Sie sich erst einmal selbst respektieren, ist alles andere für Sie ohne Schwierigkeiten erreichbar.

Eduardo hatte die Vereinbarung verinnerlicht, daß Personen aus der anderen Kultur immer besser sein würden als er, daher mußte er besonders hart arbeiten in dem Versuch, diesen Glaubenssatz zu überwinden. In einer früheren Inkarnation hatte er die Erfahrung gemacht, daß die Mitglieder der anderen Kultur stets besser waren. Daher begegnete er jeder Person, die Teil seiner früheren Inkarnation war, im Traum dieser Lebenszeit noch einmal. Sein Spiegel reflektierte seine größte Angst, nämlich die, daß die Personen der anderen Kultur härter arbeiteten und immer bekamen, was sie wollten. Eduardo mußte sich dieser Angst stellen, indem er die Beförderung an genau so einen Menschen verlor. Er glaubte, sie nicht verdient zu haben. Er mußte noch einmal alle damit zusammenhängenden Emotionen fühlen, um zu der Erkenntnis zu gelangen, daß alles, was er an dem anderen nicht mochte und verurteilte, genau das war, was er an sich selbst ablehnte und verurteilte.

Der Austausch von Energie

Alles im Leben ist eine Form von Energie, die ihren eigenen Lichtstrahl von der Quelle hat, die von manchen Menschen Gott genannt wird. Bäume, Pflanzen, Steine, Fische, Vögel, Insekten, Tiere, Menschen, alle besitzen einzigartige Strahlen von Licht. Als Mensch hat Ihre Energie die Form eines Eis, und die Menge der Ihnen zur Verfügung stehenden Energie bestimmt den Umfang Ihres Energiefeldes. Je mehr Energie Sie haben, desto mehr Bewußtsein haben Sie. Bewußtsein hilft Ihnen, Verantwortung für die Transformation jeder Handlung in Ihrem Leben zu übernehmen, was wiederum Ihr Energiefeld vergrößert. Als Spiritueller Krieger arbeiten Sie auf eine Erweiterung Ihres Bewußtseins hin, indem Sie die Energie zurückfordern, die Sie zuvor beim Austausch von Energien verloren haben.

In jedem Augenblick Ihres Lebens tauschen Sie Energie aus durch Ihren Atem, der eine Form von Energie ist, und durch Ihre Handlungen. Wenn Sie einen Apfel essen, tauschen Sie die Energie zwischen der Nahrung und Ihrem Körper aus. Wenn Sie singen, tauschen Sie Energie aus mit Lauten, die vom Atem des Lebens geformt werden, und mit Ihrem Körper. Wenn Sie mit anderen interagieren, tauschen Sie Energie durch Ihren Atem aus, durch die Kraft Ihrer Worte und durch Ihre Aktionen. Selbst wenn Sie die Frau, die Ihr Büro saubermacht, nur einen Augenblick lang ansehen, tauschen Sie Energie mit ihr aus. Ihre Energie wird Teil der Energie dieser Frau, und umgekehrt. Energie geht jedoch verloren, wenn Sie durch eine emotionale Reaktion und Interaktion vom Energiefeld eines anderen Menschen geködert werden.

Nehmen wir zum Beispiel an, Sie sind eine Ehefrau und streiten mit Ihrem Mann. Der Akt des Streitens ist ein Energie-Austausch mittels Ihres Atems und der Kraft Ihrer Worte. Sie weisen einander mit harten Worten zurecht. Der Streit entsteht aus der Domestizierung des Glaubenssystems, das Ihnen sagt, wie eine Beziehung auszusehen hat, was dazu führt, daß jeder bestimmte Erwartungen an den anderen stellt. Wenn diese Erwartungen nicht erfüllt werden, streiten Sie sich. Zum Beispiel haben Sie als Ehefrau nicht das Abendessen auf dem Tisch, wenn Ihr Mann von der Arbeit nach Hause kommt, also wird er wütend und fängt einen Streit mit Ihnen an. Die Domestizierung, die Sie beide erlebt haben, kreiert Emotionen. Das liegt an den Vereinbarungen, die Ihnen in der Kindheit gegeben wurden und die Sie verinnerlicht haben.

Die Vereinbarung, die Ihr Mann seit frühester Jugend mit sich herumträgt, besagt, daß Ehefrauen ihre Ehemänner respektieren und ihnen dienen müssen. Wenn Sie ihm also kein Abendessen servieren, bedeutet das in seinen Augen, daß Sie respektlos ihm gegenüber sind, und seine emotionale Reaktion ist Ärger. Vereinbarungen treten stets durch die reflektierenden Spiegel anderer Menschen in Aktion. Spiegel reflektieren immer, wenn sie nicht klar sind. Ihr Mann reagiert und hat das Gefühl, daß Sie nicht respektvoll sind, weil er sich selbst nicht respektiert. Hätte er mehr Selbstachtung, dann würde er sehen, daß Sie zu erschöpft sind, um das Abendessen zuzubereiten, da Sie einen besonders harten Tag zu Hause mit Ihren fünf Kindern hatten. Die Situation hat nichts damit zu tun, daß Sie Ihrem Ehemann keinen Respekt entgegenbringen, doch er reagiert trotzdem. Seine Reaktion auf Sie drückt wiederum Ihre Knöpfe; Sie fühlen sich als Ehefrau ungeeignet. Wann immer jemand Ihre Knöpfe drückt, findet ein Energieaustausch statt.

Sie wissen, daß Sie geködert wurden und mit einem emotionalen Austausch von Energie reagieren, wenn Sie sich von der Interaktion wie leergesaugt, kraftlos fühlen. Die andere Person zieht Sie in ihr Energiefeld. Sie und Ihr Ehemann haben bereits eine emotionale Verbindung. Wenn Sie also streiten, ist dies emotional sehr erschöpfend, weil dabei mit der Kraft Ihrer Worte Energien verschleudert werden.

Vielleicht drückt Ihr Mann die Kraft seiner Worte mit einer gewaltigen Wut aus. Das Gefühl des Zorns in seinem Körper ist so überwältigend, daß er automatisch die Emotionen der aufgestauten Energie an Sie weitergeben will, da Sie der andere Teil des Austausches sind. Also beginnt er, Sie anzubrüllen. Eine ungeheure Menge von Energie wird in Ihre Richtung geschleudert. Er will, daß Sie reagieren. Er selbst reagiert total und ist wütend. Man kann davon ausgehen, daß Sie Ihrerseits auf seine Worte reagieren, was bedeutet, daß Sie ihm an den Haken gegangen sind. Sie nehmen seine Emotionen an. Durch die Macht seiner Worte und seiner Gefühle hat er Sie emotional geködert. Genau das will Ihr Mann erreichen, damit er seine Gefühle loswerden kann. Sobald Sie erst einmal seinen Ärger in sich aufgenommen haben, fühlt er sich besser.

Daraufhin sammeln sich in Ihnen Emotionen an, und Sie wollen Sie ihm zurückgeben. Also sagen Sie etwas, auf das er reagiert und sich damit Ihre Emotionen zu eigen macht. Sie fühlen sich besser, aber jetzt spürt Ihr Ehemann wieder, wie sich die negativen Gefühle in ihm ansammeln. Daraufhin muß Ihr Mann etwas sagen, daß Sie noch stärker ködert, damit Sie wieder reagieren. Jeder von Ihnen empfindet nur dann Erleichterung, wenn der andere reagiert. Dies ist der Austausch von Wut, oder jeder Art von Emotion, in einem Streit.

Zuweilen passiert es, daß kein gegenseitiger Austausch von Energie stattfindet. Zum Beispiel mag Ihr Mann Energie in Ihre Richtung schleudern, und Sie nehmen Sie einfach an. Vielleicht sind Sie sehr passiv und haben Angst, Ihre Meinung zu sagen, also gehen Sie gegen Ihr eigenes Inneres vor und nehmen all die Wut und den Ärger in sich auf, den Ihnen Ihr Mann entgegenbringt. Vielleicht haben Sie Angst, Ihre Meinung zu sagen, weil Ihr Mann sie emotional und physisch mißhandelt. Es kann sein, daß er Sie schlägt, wenn Sie Ihrer Wahrheit Ausdruck geben, oder auch dann, wenn Sie es nicht tun. In einer solchen Situation fühlen Sie sich physisch und emotional total ausgepumpt, weil Sie sowohl den Zorn Ihres Mannes als auch seine Mißhandlungen annehmen und ihm nichts entgegensetzen. Danach fühlen Sie sich völlig erschöpft. Und um dem Ganzen die Krone aufzusetzen, haben Sie auch noch das Gefühl, daß Sie diese Behandlung verdient haben. Sie führen Ihr Leben in dem Glauben, daß dies Liebe ist. Es ist ein Muster, das Sie vielleicht bei Ihren Eltern beobachtet haben, die dieses Muster wiederum von ihren Eltern übernommen haben. Für Sie ist dieses Verhalten gleichbedeutend mit Liebe und damit, wie man jemanden behandelt, für den man etwas empfindet. Etwas anderes kennen Sie nicht. Es ist Ihr Ausdruck von Liebe, und das Glaubenssystem der Vereinbarungen, das tief in Ihrem Inneren verankert ist.

Beziehungen sind die größten Haken und die Arena, in der die stärksten Emotionen ausgedrückt werden. Die Familie ist ein weiterer Bereich, in dem heftige Gefühle ausgetauscht werden. Daher sind für Sie als Spiritueller Krieger Beziehungen und Familie Ihre größten Herausforderungen. Ihre Intention als Krieger besteht darin, die Emotionen zu transformieren, wenn andere Menschen reagieren, und selbst nicht zu reagieren. Doch Sie wollen dabei nicht gegen sich selbst vorgehen, indem Sie Ihre Gefühle unterdrücken. Sie wollen nur nicht von den Energiefeldern anderer Menschen geködert werden und dann das Gefühl haben, reagieren zu müssen. Sie wollen mit sich im Frieden sein. Sie wollen genug Bewußtsein haben, um aus der Situation herauszugehen und die Muster des Energieaustausches im Gegensatz zu Ihrem früheren Verhalten verändern zu können. Sobald Sie dieses Muster ändern, müssen die anderen Menschen die Verantwortung für ihre Handlungen übernehmen und dafür, ihre eigenen Emotionen zu verarbeiten.

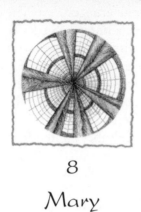

8
Mary

Zyklen der Anziehung

Rufen Sie sich in Erinnerung, daß die ersten Images in Ihrem Leben die Ihrer Eltern bzw. der Personen waren, bei denen Sie aufgewachsen sind, und die Art und Weise, wie sie Sie großgezogen haben. Diese Menschen waren Ihre ersten Lehrer in diesem Leben. Als ein Kind, das lernen mußte, in dieser Welt zu existieren, zu überleben, zu vertrauen, zu lieben, zu reden, hatten Sie nichts und niemand anderen als die Menschen, die für Sie sorgten. Sie gaben sich Ihnen auf der ganzen Linie hin, wobei Sie tatsächlich bei dieser Entscheidung keine freie Wahl hatten, da Sie noch geformt wurden und völlig von diesen Personen abhängig waren.

Marys Kindheitserfahrungen, zu denen sexueller

Mißbrauch gehörte, führten zu bestimmten Glaubenssätzen, Vereinbarungen, Urteilen und Opfer-Mustern in ihren Beziehungen als erwachsene Frau. Sie wurde in eine Familie hineingeboren, in der Mutter und Vater beide sehr hart arbeiteten. Sie hatten gute Jobs und gehörten der Mittelklasse an. Mary hatte alle die Dinge, die sie haben wollte und die jedem Kind wichtig erschienen: schöne Spielsachen, immer die neuesten Tennisschuhe, Nintendo-Spiele und alles, was sie im Fernsehen sah. Sie liebte ihre Eltern und vertraute ihnen total, und wie alle Kinder übernahm sie die Vereinbarungen, die ihr von den Eltern gegeben wurden. Außerdem nahm Mary eine der schlimmsten Vereinbarungen an, die ein Elternteil einem Kind geben kann: die Vereinbarung des sexuellen Mißbrauches.

Als Mary noch sehr jung war, ungefähr sieben Jahre alt, wuchs sie wie jedes Kind heran, hatte viel Spaß und Freude am Leben. Dann eines Nachts, als sie in ihrem Zimmer schlief, trat ihr Vater sehr leise an ihr Bett. Als er sich neben sie legte, wachte sie auf. Natürlich trug ihr Vater ihr auf, kein Wort zu sagen und keine Geräusche zu machen. Er sagte, daß sie etwas Besonderes für ihn darstellte, daß er sie liebte, daß er da war, um sie zu beschützen und daß ihr nichts geschehen würde. Er rückte sehr nahe an sie heran und fuhr ihr dann plötzlich mit der Hand in ihr Unterhöschen und berührte ihre Vagina. Mary war schockiert und wußte nicht, wie sie reagieren sollte. In ihrem Inneren spürte sie, daß das, was passierte, nicht richtig war, doch wußte sie nicht genau, wie und wann sie ihrem Vater Einhalt gebieten sollte. Sie liebte ihren Vater und wollte sich gerne als etwas Besonderes fühlen, doch sie hatte Angst. Irgendwas passierte emotional und mit ihrem Körper, das sehr unangenehm war.

Marys Vater redete ihr weiterhin zu und sagte, daß ihre Mama böse auf sie sein würde, sollte sie herausfinden, was geschehen war, weil sie eifersüchtig sein und das Ganze nicht verstehen würde. Die Mama würde dann dafür sorgen, daß der Papa Mary wegschicken muß. Mary begann, Angst zu haben, daß ihre Mama sie nicht mehr lieben würde, wenn sie wüßte, was los war. Mary glaubte, daß sie weggeschickt werden würde. Dann würde sie ihre beiden Eltern verlieren, die sie sehr liebte.

Es dauerte nicht lange, bis Marys Vater beinahe jede Nacht zu ihr kam. Diese Beziehung wurde sehr schmerzhaft für Mary und ein Anlaß für große Traurigkeit. Was sie taten, war ein großes Geheimnis. Ihr Vater sagte ihr, daß dies etwas war, was Daddys taten, und daß es ihr Geheimnis war. Daddys liebten ihre Töchter so sehr, daß sie sie auf eine sexuelle Weise halten und lieben mußten. Also begann Mary zu denken, daß das, was ihr Vater mit ihr tat, Liebe war. Er »liebte« sie. Mary fragte sich, ob ihr Daddy ihre Mama auf die gleiche Weise »liebte«.

Marys Leben veränderte sich; sie war nicht länger glücklich. Ihr Leben hatte alle Leichtigkeit verloren. Als sie heranwuchs, basierten ihre Glaubenssätze darüber, was es heißt, ein kleines Mädchen zu sein, ausschließlich auf dem sexuellen Mißbrauch, dem sie kontinuierlich ausgesetzt war. Sie entwickelte Vereinbarungen: »Personen, denen ich vertraue und die mir nahestehen, tun mir weh. Mir wird etwas Schlimmes passieren, wenn ich die Wahrheit sage. Ich kann nicht sagen, was ich wirklich fühle. Ich muß meinen Vater beschützen. Liebe ist etwas Physisches. Liebe tut weh. Ich kann nicht nein sagen.« Sie fragte sich, wo Vertrauen und Wahrheit begannen. Und wie sie die Liebe zwischen ihrer Mutter und ihrem Vater, zwischen ihr und ihrem Vater definieren konnte. Sie wußte, daß etwas in ihrem Herzen sehr, sehr traurig war.

Der Mißbrauch setzte sich viele Jahre lang fort, und Mary wurde zu einem immer unerträglicheren kleinen Mädchen. Sie brach alle Regeln, die ihre Eltern ihr gaben. Sie haßte ihre Mutter, die nie da war, um sie zu beschützen. Sie lernte, ihren Vater zu manipulieren. Sie wurde ein Opfer. Sie war zutiefst verwundet und vertraute niemandem. Das heilige Vertrauen, daß sie einst mit ihrem Vater und ihrer Mutter verbunden hatte, war entweiht worden, daher fühlte sie sich nie mehr sicher oder ganz. Der Richter in ihrem Inneren sagte ihr, daß der Mißbrauch alleine ihr Fehler war, weil sie darum »gebeten« hatte. Ihr gefiel die Aufmerksamkeit, die damit verbunden war; sie gab ihr das Gefühl, etwas Besonderes zu sein. Woraufhin dann das Opfer in ihrem Inneren erwiderte, daß sie nur ein armes kleines, verschrecktes Mädchen war, das niemanden hatte, an den es sich um Hilfe wenden konnte, das mit niemandem reden konnte, und sie war furchtbar traurig.

In den Augen des Traumes des Planeten sah es so aus, als hätte Mary ein wunderbares Leben. Sie besaß alle materiellen Dinge, die sie sich wünschte. Als sie älter wurde, bekam sie ein Auto, Designer-Kleidung und so weiter. Doch in ihrem Herzen war sie immer noch so furchtbar traurig. Der Schmerz hatte sich tief in ihrer Seele eingenistet. Was Mary wirklich wollte, war die Aufmerksamkeit ihrer Mutter und ihres Vaters auf eine nicht sexuelle Weise, doch sie wurde ihr nie zuteil. Sich sexuell zu verhalten war der einzige ihr bekannte Weg, um die Aufmerksamkeit zu bekommen, nach der sie sich so sehr sehnte. Also war sie im Gymnasium sehr locker und freizügig im Umgang mit den Jungen und hatte flüchtigen Sex mit jedem, der ihr ein wenig Aufmerksamkeit schenkte. Sie hatte kaum Freundinnen, und die wenigen, mit denen sie sich abgab, standen ihr nie sehr nahe. Sie fühlte sich leer in ihrem Inneren, so als ob ihr Leben eine Lüge war, doch wußte sie genausowenig, was ihre Wahrheit war.

Als junge Frau ließ sich Mary mit Männern ein, die sie schlecht behandelten und nur aus dem Grund mit ihr zusammen waren, um ihre sexuellen Bedürfnisse zu erfüllen. Sie betrachteten sie nie als eine wirkliche Freundin – nur als jemanden, mit dem man ab und zu sein Vergnügen hatte. Sie entwickelte keine ernst zu nehmenden Beziehungen und wußte nicht, wie sie mit Männern kommunizieren sollte. Sex war ihre einzige Form der Kommunikation. Mary spürte ein überwältigendes Bedürfnis in ihrem Leben, was darin bestand, akzeptiert und gemocht zu werden. Sie hatte dieses Bedürfnis, weil sie sich selbst nie leiden konnte. Ganz zu schweigen davon, sich selbst zu lieben. Sie empfand Scham darüber, wie Männer sie benutzten, doch war es ihr unmöglich, das Muster zu ändern. Die Wurzeln von Marys Scham lagen in ihrer erbarmungslosen Verurteilung ihrer selbst hinsichtlich dessen, was sie mit ihrem Vater erlebt hatte. Sie hatte das Gefühl, daß alles ihr Fehler war.

Irgendwann traf Mary einen Mann namens Bob, der wunderbare Masken trug, die Marys Aufmerksamkeit köderten. Er war ungeheuer charmant, und es machte ihr Spaß, mit ihm zusammenzusein. Obwohl Mary eine schöne junge Frau war, konnte sie schnell geködert werden, weil ihre Wunden sie so verzweifelt und bedürftig machten. Wie Mary, so war auch Bob tief verwundet worden. Er hatte in seiner Familie ähnlichen Mißbrauch erfahren wie Mary. Diese Ähnlichkeit ihrer Erfahrungen war nicht überraschend.

Die Energie, die Sie anziehen, ist die gleiche wie die Energie der Wunden, die Sie in sich tragen und die Sie nach außen projizieren. Sie ziehen Personen mit ähnlichen Energien an. Sie sind wie Magneten füreinander und verlieben sich. Dann sind sie mit den gleichen Mustern und Glaubenssätzen konfrontiert, mit denen Sie aufgewachsen sind, und der Zyklus beginnt von neuem.

Sich zu jemandem hingezogen fühlen beinhaltet zwei Dinge: Anziehung und ein Gefühl in Ihrem physischen Körper als Reaktion auf die betreffende Person. Und natürlich fühlt sich jeder irgendwann zu einem anderen hingezogen. Die besondere Schwingung von Energie (der Lichtstrahl) ist das Gefühl, das Sie haben, und der Spiegel die Anziehung, die Sie empfinden. Es gibt eine Menge Spiegel oder Menschen, die im gleichen Umfeld herangewachsen sind wie Sie und daher das gleiche Energiefeld haben. Wenn jedoch ein Spiegel mit einem physischen Gefühl für eine andere Person kombiniert ist, resultiert das in dem Gefühl, mit dem anderen verbunden zu sein, so als ob »die Chemie stimmt.« Vielleicht sehnen Sie sich nach der »perfekten« Chemie mit einem anderen Menschen in Form eines »Seelengefährten«.

Mary und Bob empfanden diese besondere Anziehung. Vier Wochen nach ihrer ersten Begegnung verlobten sie sich, und drei Mokante später heirateten sie. Oberflächlich betrachtet, war Bob in den Augen des Traumes des Planeten das, was man einen guten Ehemann nennt; er arbeitete hart, und Mary hatte alles, was sie brauchte. Doch kurz nach der Hochzeit ließ Bob seine Masken fallen. Mary erkannte, daß dieser Mann nicht der Mensch war, den sie kennengelernt und der sie geködert hatte, ihn zu heiraten. Er hatte ihr alle die Dinge gesagt, die sie hören wollte, nur um sie zu ködern, und es waren nichts als Lügen gewesen. Jetzt, wo er mit ihr verheiratet war, war er nicht mehr länger charmant oder fröhlich. Statt dessen war er ständig schlecht gelaunt und redete nie mit ihr. Die Dinge, die sie vor ihrer Ehe gemeinsam unternommen hatten, interessierten ihn nicht länger. Mary hatte plötzlich das Gefühl, als ob sie Bob überhaupt nicht kennt – daß er ein Fremder für sie war. Sie stritten sich ständig und tauschten Energie aus, wie im vorigen Kapitel beschrieben.

Unerwarteterweise wurde Mary schwanger und bekam eine Tochter. Obwohl sie sehr unglücklich war, meinte sie, aufgrund der Vereinbarungen, die ihr in ihrer Kindheit von der Kirche und ihrer Familie gegeben worden waren, die Ehe aufrechterhalten und die Probleme irgendwie lösen zu müssen. Diese Vereinbarungen besagten, daß eine Ehe ein Leben lang halten muß, daß Scheidung eine Sünde ist und Eltern wegen des Wohlergehens ihrer Kinder zusammenbleiben müssen. Also zwang sich Mary, die Ehe aufrechtzuerhalten. Die Distanz zwischen ihr und Bob wurde immer größer, und ihre Beziehung war mit Problemen überladen. Bob wandte sich immer mehr seiner Tochter zu, und Vater und Tochter entwickelten eine »besondere« Nähe. Die Tochter wurde Papas kleines Mädchen. Als sie ungefähr sieben Jahre alt war, durchlitt sie das gleiche Muster, das ihre Mutter erfahren hatte. Bob verging sich in der gleichen Weise an ihr, wie er und Mary es in ihrer Kindheit erlebt hatten.

Im Laufe der Jahre wurde Mary es müde, sich ständig schlecht und elend zu fühlen. Sie wandte sich um Hilfe an ihren Priester, nahm Antidepressiva und ging jahrelang zur Psychotherapie. Obwohl alle diese Versuche ihr in irgendeiner Weise halfen, beseitigte nichts die Traurigkeit in ihrem Herzen. Dieses Gefühl wurde so extrem, daß sie von Verzweiflung übermannt wurde. Ein Teil von ihr wußte jedoch, daß es noch etwas anderes im Leben gab, etwas jenseits ihrer Traurigkeit. Nachdem sie nach alternativen Möglichkeiten gesucht hatte, um sich selbst zu helfen, lernte sie den toltekischen Weg kennen und fing an, die Dinge selbst in die

Hand zu nehmen. Sie begann den Prozeß der Heilung ihrer Trauer und anderer emotionaler Wunden.

Erste Schritte zur Erkenntnis

Als sie sich erst einmal auf dem Weg des Kriegers befand, begann Mary mit dem Pirschen. Sie sah, wie sowohl ihre Mutter als auch ihr Vater in einem Umfeld von Mißbrauch und Gewalt aufgewachsen waren und wie sie dieses Umfeld mit ihr wiederbelebt hatten. Ihre Mutter war emotional und sexuell mißbraucht worden; ihr Vater war sexuell und körperlich mißhandelt worden. Mary pirschte sich an sich selbst heran, an ihr Leben, ihre Muster und ihre Wunden. Sie fing an, ihre Wunden zu heilen, indem sie sie zu lieben begann, anstatt sie zu verurteilen. Sie ging schrittweise vor und war sehr liebevoll mit sich selbst. Sie begann, ihr Muster des Verlangens nach Aufmerksamkeit, Liebe und Freundlichkeit zu ändern. Nach und nach wurde sie immer zufriedener in ihrem Inneren. Sie traf die Entscheidung, einige unerträgliche Situationen in ihrem Leben zu verändern, was unter anderem dazu führte, daß sie sich scheiden ließ. Durch diesen Schritt beschützte sie sowohl sich selbst als auch ihre Tochter und begann, das Muster des Mißbrauchs umzuwandeln.

Mary war endlich an den Punkt gelangt, wo sie sich selbst liebte und mit Respekt und Freundlichkeit behandelte. Daher verschwand ihr Verlangen, von anderen Liebe und Respekt zu bekommen. Sie setzte einen höheren Preis für sich an; sie war nicht mehr bereit, sich auf jeden beliebigen Mann einzulassen, nur um eine Beziehung zu haben. Sie gab sich nur mit Männern ab, die sie sehr gut und mit dem größten Respekt behandelten. Es war für sie völlig in Ordnung, alleine zu sein, da sie nicht mehr länger die Anerkennung anderer Menschen brauchte, um sich in ihrer eigenen Haut wohl zu fühlen. Sie sah sich selbst als ein besserer Mensch im Vergleich zu ihrem früheren Dasein und mochte sich. Mary begann, ihr Leben voll zu genießen.

Wenn Sie als Kind Teil eines Kreislaufs mißbräuchlichen Verhaltens sind, wird sich dieser Kreislauf aufgrund der Energie und der Wunden, die Sie mit sich herumtragen, in Ihrem Leben als Erwachsener fortsetzen. Sie werden sich zu anderen Personen hingezogen fühlen, die das gleiche Energiefeld haben. Der gleiche Spiegel, oder die Reflexion, kehrt immer wieder und wieder zurück. Die einzige Möglichkeit, aus diesem Kreislauf auszubrechen, besteht darin, daß Sie sich Ihre Wunden ansehen und sie heilen. Ihre Wunden und Ihre Traurigkeit sind sehr tief. Sie können natürlich eine wunderbare Maske aufsetzen und sagen, daß Sie zufrieden sind, daß Ihre Beziehung sich wunderbar entwickelt und daß Sie Ihre Schwierigkeiten gemeinsam verarbeiten. Doch Sie können nur wenig mit einem anderen Menschen verarbeiten, wenn Sie nicht in der Lage sind, die Probleme in Ihrem eigenen Inneren zu verarbeiten. Die Heilung nimmt erst dann ihren Anfang, wenn Sie mit Ihrer eigenen Heilung beginnen.

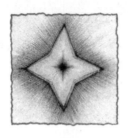

9

Der Stern der Freiheit

Der Traum

Im Traum des Planeten kommunizieren Sie durch Worte. Wenn Sie den Begriff Freiheit in Worte fassen wollten, würden Sie wahrscheinlich zunächst versuchen, sie mit Worten zu beschreiben. Höchstwahrscheinlich wären Sie in der Lage, gewisse Aspekte von Freiheit zu beschreiben, doch würde es Ihnen schwerfallen, ihre Essenz zu verbalisieren. Das gleiche passiert, wenn Sie eine Wolke sehen und versuchen, sie zu beschreiben. In einem Augenblick sieht sie aus wie ein wunderschöner Engel und im nächsten wie ein Monster. Mit jedem Moment verwandelt sich die Wolke in eine neue Form, eine neue Energie. Sie können die Essenz einer Wolke nicht wirklich beschreiben, doch Sie können sagen, wie Sie in einem bestimmten Moment für Sie aussieht. Und unterschiedliche Menschen sehen unterschiedliche Dinge in der Wolke. Vielleicht erscheint sie Ihnen wie ein Haus, während ein anderer meint, sie sieht aus wie ein Drache. Doch es ist nach wie vor eine Wolke. Das gleiche gilt für Ihre Wahrnehmung von Freiheit. In einem Augenblick beschreiben Sie Freiheit vielleicht auf eine bestimmte Weise, doch im nächsten Moment tritt irgend etwas ein, und Ihre Wahrnehmung von Freiheit verändert sich. Und Freiheit mag Ihnen anders erscheinen als Ihrem Nächsten, doch benutzen Sie beide das Wort *Freiheit,* um Ihre jeweilige Wahrnehmung zu beschreiben.

Ihre Wahrnehmung von Freiheit ist sehr eng mit dem Glaubenssystem verknüpft, in dem Sie leben. Falls Sie in Amerika leben, dem »Land der Freien«, sagt Ihnen Ihr Glaubenssystem, daß Sie im Vergleich zu Menschen in anderen Ländern frei sind. Ihre Konstitution zählt Ihnen auf, in wie vieler Hinsicht Sie frei sind, und Sie leben den Amerikanischen Traum und betrachten das Leben durch die Augen dieser Domestizierung. Sie müssen jedoch immer noch Steuern zahlen und sich Sorgen machen, ob Sie Ihre Rechnungen bezahlen können. Außerdem gibt es eine Menge Regeln, und wenn Sie sie nicht befolgen, müssen Sie die Konsequenzen tragen, eventuell bis hin zu Verhaftung und Gefängnis. Ereignisse dieser Art können Ihnen Ihr Glück nehmen, also sind Sie nicht wirklich frei. Ihre Gefühle oder Wahrnehmungen von Freiheit existieren innerhalb der Regeln, Gesetze und Strukturen des Systems. Als Amerikaner sind Sie vielleicht freier als jemand in einem anderen Land mit einer anderen Regierung und anderen Regeln. In einigen Ländern ist es gefährlich, Kritik an der Regierung zu üben, und es kann Sie Ihr Leben kosten. In den USA können Sie sich jederzeit über die Regierung beschweren, und die Freiheit, dies zu tun, ist Ihr gutes Recht.

Die Wunden, die Sie mit sich herumtragen, wirken sich auch auf Ihre Wahrnehmung von Freiheit aus. Sie mögen zum Beispiel denken, daß Sie frei sind, wenn Sie von einer flüchtigen Beziehung in die nächste hetzen und sich nie voll auf einen einzigen Menschen einlassen oder »binden«. Sie rechtfertigen Ihr Verhalten, indem Sie sagen, daß Sie einfach nur Spaß haben wollen. In der Regel sind es jedoch Ihre *Wunden*, die Sie davon abhalten, sich tiefer auf eine Beziehung einzulassen. Sich von einer Person zur nächsten zu hangeln ist leichter, als sich mit Problemen zu konfrontieren und sie zu verarbeiten, die in einer längeren Verbindung mit einem bestimmten Partner auftauchen. Außerdem hindert Sie dieses Verhalten daran, sich Ihr wahres Selbst und Ihre Wunden anschauen zu müssen, die immer im Spiegel Ihres Partners reflektiert werden. Weglaufen verhindert außerdem, daß Ihr Partner jenseits der Masken schauen kann, die Sie aufsetzen, um ihn im frühen Stadium der Bekanntschaft zu ködern.

Wenn Sie den Krieg in Ihrem Geist und in Ihrem Herzen durch Disziplin und Bewußtsein gewinnen, heilen Sie Ihre Wunden und unterliegen nicht mehr länger dem Einfluß des Glaubenssystems. Endlich erkennen Sie, was Freiheit wirklich bedeutet, nämlich Freiheit des Geistes. Egal, in welcher Situation Sie sich befinden mögen, nichts kann Ihnen Ihr Glück und Ihre Zufriedenheit nehmen. Die Erfahrung wahrer Freiheit ist vielleicht etwas, was Sie nie zuvor gekostet oder verstanden haben. Vielleicht haben Sie sie immer nur durch die Augen Ihrer Domestizierung betrachtet und geglaubt, daß das, was Sie damals gesehen haben, das ist, was Sie im Leben erreichen wollten.

Bevor ich zur Kriegerin wurde, hatte ich keine Ahnung, was Freiheit bedeutet. Sie hatte nichts mit meinem Leben zu tun. Freiheit existierte lediglich als Wort. Das einzige Wesen, das ich als frei empfand, war ein Vogel. Vielleicht war das der Grund, warum ich so gerne im Galopp auf meinem Pferd ritt und mit meinem Motorrad durch die Gegend raste. Der Wind, der durch meine Haare blies, gab mir das Gefühl, als ob ich fliegen würde wie ein Vogel – und damit die Illusion, frei zu sein. Obwohl es mir damals noch nicht bewußt war, habe ich immer nach Freiheit gesucht. Das war auch der Grund, warum ich soviel Alkohol getrunken und Drogen genommen habe – alles Erfahrungen, die meiner damaligen Vorstellung von Freiheit am nächsten kamen. Als ich später, als Spiritueller Krieger, wirkliche Freiheit erlangte, erkannte ich, daß sie nichts mit Wind oder Geschwindigkeit oder der Hemmungslosigkeit unter Drogeneinfluss zu tun hatte. Ich lernte, daß ich in jedem Augenblick frei wie ein Vogel durch die Lüfte flog. Und dabei mußte ich mich noch nicht einmal bewegen. Mein Geist, meine

Seele war frei. Sobald ich dies in meinem Inneren erkannt hatte, wurde ich zum Stern der Freiheit. Totale Zufriedenheit war in mein Herz eingekehrt, und ich genoß das Leben in vollen Zügen.

Wörter des Sterns der Freiheit

Visualisieren Sie das Wort *Freiheit* wie einen leuchtenden Lichtstrahl im Zentrum eines Sterns. Er ist die göttliche Verbindung mit reiner Liebe. Aus diesem Zentrum heraus werden andere Wörter kreiert, wie zum Beispiel *Glück, Genuß, Zufriedenheit, Friedfertigkeit* und *Verspieltheit*. Alle diese Wörter haben unterschiedliche Lichtstrahlen, jedoch sind sie alle Teile des Lichtstrahles, der *Freiheit* ist. Diese Wörter und ihre leuchtenden Strahlen werden von den emotionalen Wunden blockiert, die Sie mit sich herumtragen und die ein Resultat Ihrer Lebenserfahrungen sind. Vielleicht sind Sie ernst anstatt verspielt, da Sie als Kind erlebt haben, wie Ihr Vater wegging und nicht mehr wiederkam und auf diese Weise Sie und Ihre Familie verließ. Vielleicht waren Sie daraufhin schon im frühen Alter gezwungen, sich wie ein Erwachsener zu verhalten, sich eine Arbeit zu suchen, Geld zu verdienen und die Familie zu unterstützen. Diese Wunde kreierte einen Block, der Sie davon abhält, den Lichtstrahl zu fühlen, der aus der Verspieltheit kommt. Wenn Sie jedoch mit der Arbeit auf dem Weg der Tolteken beginnen und den Block beseitigen, werden Sie eines Tages wieder die Verspieltheit in sich entdecken.

Jedes Wort bzw. jeden Strahl des Lichtes zu erleben ist nicht unbedingt ein Prozeß, bei dem es um alles oder nichts geht. Die Ebene, die Sie erleben, hängt von der Wunde ab, die Sie in Ihrem Inneren tragen. Sie mögen immer ernst sein, doch manchmal Zufriedenheit verspüren. Während Sie mit der Arbeit auf dem toltekischen Weg fortfahren, kann es sein, daß Sie unterschiedliche Stufen der Erfahrung jedes Wortes erklimmen, und irgendwann werden Sie wahrscheinlich alle Wörter und ihre Strahlen erlebt haben. Vielleicht werden Sie dann nicht mehr immer nur ernst sein, sondern zuweilen verspielt und unbeschwert. Um dies zu erreichen, beseitigen Sie einen Teil der Blockade, heilen die Wunde und berühren auf diese Weise das Wort, das Verspieltheit bedeutet. Dann beginnen Sie, das Leben auf eine andere Weise zu sehen, zu spüren und zu leben. Und da alle diese Wörter Sie zu dem Lichtstrahl zurückführen, der Freiheit bedeutet, wird Ihnen auf jeder Stufe Ihres Wachstums einen andere Kostprobe von Freiheit und ihrer Verbindung mit der göttlichen Liebe zuteil.

Wenn Sie mit der Arbeit an sich selbst beginnen, fangen Sie mit den äußersten Bereichen der Lichtstrahlen an. Im Laufe der Zeit, während Sie die verschiedenen Stufen erreichen, bewegen Sie sich auf das Zentrum des Sterns zu, hin zur Freiheit. Bei diesem Prozeß *werden* Sie zu den Wörtern, indem Sie an sich selbst arbeiten. Sie werden Glück, Zufriedenheit und so weiter. Dies ist nur durch Transformation möglich: durch das Erkennen, daß alle Gefühle Ihre eigenen sind, und sie anzunehmen. Wenn Sie erst einmal angefangen haben, die Negativität oder Traurigkeit zu transformieren und sich in Ihre Wut und Schmerzen verlieben, so wie sie sich in Ihrem Inneren manifestieren, beginnen Sie, die verschiedenen Stufen der Freiheit und ihrer Lichtstrahlen zu spüren.

Wo Sie sich jetzt im Leben befinden – der Umfang, in dem Sie jedes dieser Wörter erleben – hängt von Ihrem eigenen Lichtstrahl und seiner einzigartigen Schwingung in Ihrem physischen Wesen ab. Jede Person im äußeren Traum, wie auch jeder Vogel, jeder Baum und alles, was existiert, hat seinen eigenen Strahl des Lichtes, der immer mit der Quelle verbunden ist, mit Gott, mit dem Schöpfer. Und dieser Lichtstrahl zeigt, wieviel Energie und Information Sie aus dieser Quelle beziehen. Einige Menschen werden mit einer Leuchtkraft geboren, die aufgrund der Arbeit, die sie in früheren Inkarnationen geleistet haben, eine größere Reichweite hat. Doch unabhängig davon, mit welchem Maß an Energie Sie Ihren Lebensweg zu beschreiten beginnen, wird Ihr Lichtstrahl um so leuchtender und erleben Sie die verschiedenen Stufen jedes Wortes um so intensiver, je mehr Sie an sich arbeiten. Indem Sie an sich arbeiten, empfinden Sie mehr und mehr Glück, Wohlbefinden und Zufriedenheit. Die Intention besteht darin, Ihren Strahl des Lichtes schließlich so weit auszudehnen, daß er keinen Einschränkungen mehr unterworfen ist. Dann verschmelzen Sie mit allem, was ist, und die Wörter sind nicht mehr wichtig.

Bewußtsein ist der Schlüssel zur Ausdehnung Ihres Lichtstrahles und zur Erlangung von Freiheit. Es ist das Bewußtsein Ihrer selbst, von allem, was Sie tun und davon, wie Sie das Leben sehen. Bewußtsein erlaubt Ihnen, Muster zu erkennen, damit Sie Entscheidungen treffen können. Sie können wählen, in einer Beziehung zu bleiben oder nicht, wenn sich ein altes, negatives Muster zeigt, und entscheiden, ob Sie ein Glaubenssystem in Frage stellen wollen. Ihre jeweilige Bewußtseinsstufe erlaubt Ihnen zu wissen, daß es im Leben noch etwas anderes gibt als das, was Ihnen der Traum des Planeten präsentiert. Und es ist Das Geheimnis der Vier Versprechen, die Ihnen hilft, Ihre eigene persönliche Wahrheit zu suchen, sie zu finden und auf diese Weise zum Stern der Freiheit zu werden.

10

Die elf Vereinbarungen des Spirituellen Kriegers

Zur Tat schreiten

Dieses Kapitel handelt davon, zur Tat zu schreiten. In den vorherigen Kapiteln wurden Ihre Wunden und die verschiedenen Möglichkeiten von Leid und Trauer beschrieben, die unter Umständen auf Sie zutreffen. Das folgende Kapitel fokussiert sich darauf, was Sie bezüglich Ihrer Wunden tun können. Es gibt eine Anzahl von Richtlinien, die Sie befolgen müssen, wenn Sie den Pfad des Spirituellen Kriegers beschreiten wollen. In Wahrheit sind es mehr als nur Richtlinien: Es sind die neuen spirituellen Vereinbarungen, die Sie mit sich selbst eingehen müssen, um ein Leben zu kreieren, das es Ihrem Geist und Ihrer Seele erlaubt, frei zu sein. Diese Richtlinien beschreiben, was Sie tun müssen, um die Vereinbarungen aus dem Traum des Planeten zu brechen, die Ihre Seele gefangenhalten.

Es gibt elf Vereinbarungen, die Sie als Spiritueller Krieger befolgen müssen. Sie sind:

1. Bewußtsein
2. Disziplin
3. Urteilsfreiheit
4. Respekt
5. Geduld
6. Vertrauen
7. Liebe
8. Untadeligkeit des Umfeldes
9. Ehrlichkeit
10. Handeln
11. Untadeligkeit der Energie

Diese spirituellen Vereinbarungen bilden eine Pyramide; sie sind Führer auf Ihrem Weg. Das Fundament dieser Pyramide und die Basis aller anderen Vereinbarungen ist Bewußtsein. Bewußtsein ist außerdem die Spitze der Pyramide – das Ergebnis all der Arbeit, die Sie auf dem Weg des toltekischen Kriegers leisten. In Wahrheit besteht die Arbeit des toltekischen Kriegers in der Meisterschaft des Bewußtseins.

1. Bewußtsein

Bewußtsein zu meistern bedeutet, sich über alles bewußt zu sein, was mit Ihnen zu tun hat. Es bedeutet, daß Sie sich Ihres persönlichen Lebens bewußt sind und der Art, wie Sie sich selbst sehen, welche Gefühle Sie in bezug auf sich selbst haben, wie Sie über sich selbst denken und über sich selbst reden. Es bedeutet, nicht mehr länger die Fehler anderer Menschen zu sehen oder zu verurteilen. In Ihrem Herzen wissen Sie, daß es nichts gebracht hat, mit dem Finger auf andere zu zeigen und ihnen die Schuld zu geben – Sie wissen, daß die Traurigkeit, die Sie fühlen, in Ihrem eigenen Inneren liegt. Bewußtsein zu meistern ist der Schlüssel zur Transformation der Gefühls- und Verhaltensmuster, die Sie unglücklich machen. Der erste Schritt besteht darin, daß Ihnen bewußt ist, sich wirklich ändern zu wollen – um *Ihrer selbst* willen. Die Arbeit an der Erweiterung Ihres Bewußtseins beinhaltet, daß Sie sich dessen bewußt sind, was Sie in jedem Augenblick Ihres Lebens tun, und daß Sie sich Ihres Atems bewußt sind, der Ihren Energieaustausch mit dem Universum darstellt.

Wenn Sie sich entschieden haben, daß Sie sich wirklich ändern und mit der Arbeit beginnen wollen, müssen Sie üben, in jedem Moment hundertprozentig präsent zu sein und sich total auf das zu fokussieren, was Sie tun, während Sie sich gleichzeitig Ihres Atems bewußt sind. Das erfordert große Mühe. Zunächst ist es schwierig zu lernen, immer in der Gegenwart zu sein, da Ihr Kopf ständig denkt. Vielleicht planen Sie etwas oder bereiten etwas vor, selbst so etwas Unkompliziertes wie ein Mittagessen. Bei einem Gespräch überlegen Sie sich vielleicht, was Sie als nächstes sagen werden oder was Sie Ihrer Meinung nach tun müßten, anstatt sich zu unterhalten. In Ihrem Kopf findet ein ununterbrochenes Geplapper statt, von dem Ihnen vieles unter Umständen gar nicht bewußt ist, da es sich um eine Angewohnheit handelt. Wie können Sie also dafür sorgen, daß das Geschnatter in Ihrem Kopf aufhört, damit Sie sich darauf fokussieren können, ganz im Hier und Jetzt zu sein?

Übung: Ihre Aufgabe für die nächsten zwölf Stunden des Wachseins ist es, sich in jedem Moment auf das zu fokussieren, was Sie denken. Notieren Sie in einem Heft, wie viele Male Ihnen während einer bestimmten Aktivität Gedanken über andere Dinge in den Sinn kommen. Wenn Sie zum Beispiel mit Ihrer Mutter telefonieren, achten Sie auf störende Gedanken. Wenn Sie den Hörer auflegen, schreiben Sie auf, wie oft Sie im Laufe des Gespräches an etwas anderes gedacht haben, beispielsweise daran, was Sie am Abend vorhaben. Wenn Sie mit dem Auto fahren, machen Sie sich bewußt, in wie viele verschiedene Richtungen Ihr Verstand wandert. Wenn Sie an Ihrem Ziel angekommen sind, notieren Sie alles, woran Sie gedacht haben, anstatt sich auf das Fahren zu konzentrieren.

Übung: Seien Sie sich in jedem Moment Ihres Atems bewußt. Fokussieren Sie sich zunächst auf Ihr Einatmen, dann auf Ihr Ausatmen, dann wieder auf Ihr Einatmen, dann auf Ihr Ausatmen während aller Aktivitäten und in jedem Augenblick des Tages. Wenn Sie feststellen, daß Sie Ihren Fokus verloren haben, verlagern Sie Ihre Aufmerksamkeit zurück auf Ihren

Atem. Dies ist eine fortlaufende Übung, die als Schlüssel zum Bewußtsein in jedem Augenblick dient. Daher ist es wichtig, sie im Laufe Ihrer Arbeit als Spiritueller Krieger immer wieder durchzuführen.

Sich auf Ihren Atem zu fokussieren bedeutet nicht, daß Sie sich hinsetzen und den ganzen Tag lang ruhig verhalten sollen. Im Gegenteil, zu dieser Übung gehört, daß Sie das Leben eines aktiven Menschen führen und Ihr Dasein kreieren, während Sie gleichzeitig fokussiert und in jedem Moment hundertprozentig da sind. Wären Sie zum Beispiel ein Maler und müßten ein Gemälde zu einem bestimmten Zeitpunkt fertig haben, würden Sie präsent sein, während Sie malen und sich gleichzeitig auf Ihren Atem fokussieren. In solchen Augenblicken würde nichts anderes existieren als das Malen und Ihr Atem, der Ihr Leben ist. Falls das Telefon klingelt, würden Sie den Hörer abnehmen und sich ausschließlich auf das Gespräch fokussieren, auf nichts anderes. Sie würden Ihre Aufmerksamkeit voll und ganz Ihrem Gesprächspartner zukommen lassen. Dabei würden Sie weder an Ihr Bild noch an irgendwelche Deadlines denken. Sie würden Ihr Bewußtsein erweitern, um jeden Augenblick Ihres Lebens voll präsent zu sein.

Was bedeutet es, in jedem Augenblick des Lebens voll präsent zu sein? Es bedeutet, daß Sie mit jedem Atemzug, den Sie nehmen, sowohl mit dem Engel des Lebens als aus auch mit dem Engel des Todes leben. Sie haben nur diesen gegenwärtigen Augenblick; Sie wissen nie wirklich, ob es einen nächsten geben wird. Wenn Sie also jeden Moment Ihres Lebens bewußt erleben, gibt Ihnen das die Möglichkeit, kein Bedauern zu empfinden über Dinge, die Sie vielleicht versäumt haben. Man kann auf verschiedene Weise viel Bedauern im Leben empfinden. Vielleicht sagen Sie: »Ich wünschte, ich hätte meiner Mutter vor ihrem Tod gesagt, wie sehr ich sie liebe.« Oder Sie werden plötzlich krank oder behindert und können etwas, das Sie schon immer tun wollten und ständig bis zum nächsten Tag aufgeschoben haben, nun nicht mehr tun, oder Sie sind gerade Mutter geworden und so beschäftigt mit Saubermachen und Kochen, daß Sie es verpassen, das erste Wort Ihres Kindes zu hören oder Zeuge seines ersten Schrittes zu sein.

Das Leben voll und ganz in der Gegenwart zu leben erweitert den Bereich Ihres Bewußtseins und Ihrer Wahrnehmung. Nachdem Sie dies eine Weile praktiziert haben, können Sie eine Menge von Dingen in Ihrer Umgebung wahrnehmen, ohne sich von ihnen ablenken zu lassen. Diese Übung hilft Ihnen, sich auf das zu fokussieren, was Sie tun, während Sie sich gleichzeitig dessen bewußt sind, was sonst noch geschieht. Ein Adler ist sich jeder kleinen Feder bewußt, die seinen Flug ermöglicht, doch lenkt das den Adler nicht von seinem Flug ab.

Eduardo, der Mann, der sich so sehr eine Beförderung wünschte, dachte so viel darüber nach, wie dieser Tag verlaufen würde, daß er nicht mehr in der Gegenwart lebte. Sein ganzes Bewußtsein war auf die Beförderung gerichtet. Als er beim Frühstück saß und seine Frau mit ihm sprach, dachte er: »Wer wird die Beförderung bekommen? Werde ich es sein oder der andere? Was werde ich sagen und was werde ich tun, wenn ich sie nicht bekomme? Wie werde ich mich verhalten, wenn ich die Beförderung bekomme? Wie werde ich sein, wenn ich die Beförderung kriege?« Eduardo konzentrierte sich nicht auf sein Frühstück und auf seine Familie. Er war sich nicht einmal der Tatsache bewußt, daß seine Frau mit ihm sprach, und er war sich nicht bewußt, daß dies vielleicht das letzte Mal war, daß er seine Kinder sah. Eduardo könnte nach dem Frühstück das Haus verlassen und von einem Auto überfahren werden. Er lebte sein Leben nicht hundertprozentig in der Gegenwart, und er war sich des Vorhandenseins seiner Fähigkeiten nicht bewußt.

2. Disziplin

Bewußtsein hilft Ihnen, Disziplin zu kreieren, die zweite Vereinbarung des Spirituellen Kriegers. Wenn Sie genug Bewußtsein haben zu erkennen, daß dieser Weg der ist, dem Sie folgen wollen, dann ist Disziplin der Prozeß, der Ihnen hilft, diese Entscheidung in die Tat umzusetzen. Disziplin erlaubt Ihnen, Ihr eigenes Wort so sehr zu achten, daß Sie die Tat, die mit Ihrem Wort assoziiert ist, auch durchführen. Was immer es ist, zu dem Sie sich verpflichtet haben, Sie tun es mit Disziplin, einen Schritt nach dem anderen. Disziplin ist für alle Stufen des Spirituellen Kriegers wichtig, doch vor allem für den beginnenden Spirituellen Krieger.

Als neuer Spiritueller Krieger werden Sie vielleicht zu viele Versprechen auf einmal geben oder sich zu viele Ziele setzen. Das kann dazu führen, daß Sie sich nicht voll auf jedes Ziel fokussieren können und es deshalb nicht bis zum Ende verfolgen. Disziplin hilft Ihnen, mit einem Ziel anzufangen und es zu erreichen. Sie hilft Ihnen, sich hundertprozentig auf Ihr Ziel zu fokussieren und alles zu tun, was erforderlich ist, um es zu erreichen. Später werden Sie Disziplin so gut meistern, daß Sie zwei Dinge auf einmal tun und beiden Ihre volle Aufmerksamkeit schenken können.

Als beginnender Spiritueller Krieger, der sich selbst gegenüber die Verpflichtung eingegangen ist, sich genau anzuschauen, brauchen Sie eine Menge Disziplin, um diesen Prozeß durchzuhalten. Nach einer Weile fangen Sie vielleicht an, einer bestimmten Arbeitsweise müde zu werden, oder Sie haben keine Lust, sich eine bestimmte Wunde anzuschauen. Es ist leichter, einfach aufzuhören als der Verpflichtung nachzukommen, die Sie sich selbst gegenüber angenommen haben. Es ist eine Menge Disziplin erforderlich, sich zu entscheiden, alte Muster zu brechen.

Disziplin hat in Wahrheit etwas damit zu tun, die Entscheidung zu treffen, zu handeln, sich hundertprozentig auf eine Sache einzulassen. Egal was passiert, Disziplin gibt Ihnen die Willenskraft, alle Hindernisse auf Ihrem Weg zu überwinden. Disziplin hilft Ihnen, die Hindernisse für eine Weile anzunehmen und dann über sie hinwegzusteigen. Disziplin hat damit zu tun, daß Sie Ihr eigenes Wort respektieren in dem Wissen, daß Sie mit der Quelle verbunden sind, und in der Erkenntnis, daß Sie jede Wunde in Ihrem Herzen annehmen, überwinden und heilen können.

3. Urteilsfreiheit

Die dritte spirituelle Vereinbarung ist Urteilsfreiheit. Von dem Moment an, wo Sie sich entschlossen haben, ein Spiritueller Krieger zu sein, dürfen Sie weder sich selbst noch andere Menschen oder Dinge mehr verurteilen. Urteile sind das größte Hindernis, das Sie davon abhält, sich selbst ehrlich anzuschauen. Wenn Sie sich selbst verurteilen, zeigen Sie gleichzeitig mit Ihrem Finger auf andere und sagen: »Schau dir diese Leute an und was sie tun!« Die Intention der Urteilsfreiheit besteht darin, sich bewußt genug zu sein, um zu erkennen, wann Sie jemand anderen oder sich selbst zu verurteilen beginnen. Sie wissen, wann Sie zu hart mit sich selbst sind. Sie wissen, wann Sie zuviel von sich erwarten. Auf diese Weise kreieren Sie unweigerlich eine Situation, in der Sie sich selbst verurteilen, wenn Ihre Erwartungen nicht erfüllt werden. Indem Sie sich Ihrer Selbstverurteilung bewußt werden, besteht die Intention darin, sich in einen Zustand der Urteilsfreiheit zu versetzen, indem Sie Ihren Atem benutzen, Ihr Bewußtsein des gegenwärtigen Augenblickes und das gleichmäßige Strömens des Lebensatems.

4. Respekt

Die vierte spirituelle Vereinbarung ist Respekt. Es ist von größter Wichtigkeit, sich selbst hundertprozentig zu akzeptieren und zu achten, alle Aspekte des eigenen Selbst als perfekt zu sehen, einschließlich Ihres Körpers, Ihrer Worte, Ihrer Gedanken und Ihrer Taten. Genauso wichtig ist es, allem und jedem anderen Respekt entgegenzubringen.

Für den beginnenden Spirituellen Krieger ist Respekt eine Herausforderung. Wenn Sie nicht wissen, wie Sie sich selbst respektieren können, mag es für Sie unmöglich sein, andere zu respektieren. Zunächst fällt Ihnen vielleicht auf, daß die Art und Weise, wie Sie über sich denken, von verschiedenen Formen der Verurteilung geprägt ist. Zum Beispiel gefällt Ihnen vielleicht Ihr Gewicht nicht oder die Tatsache, daß Sie schüchtern sind. Diese Art von Verurteilungen bedeuten, daß Sie sich selbst nicht hundertprozentig akzeptieren und respektieren. Außerdem zeigen sie an, daß Sie nicht in der Lage sind, andere Menschen wirklich zu respektieren, die übergewichtig oder schüchtern sind: Sie verurteilen auch sie.

Eduardo ist ein gutes Beispiel von jemandem, der sich selbst nicht respektierte. Er hatte insofern Disziplin, als daß er hart daran arbeitete, in der Welt voranzukommen; jedoch hatte er auch die Vereinbarung verinnerlicht, daß die andere Kultur besser war und daß er besonders hart arbeiten mußte, um sich zu beweisen. Es wäre äußerst schwierig für Eduardo gewesen (bzw. für irgend jemanden in seiner Position), diese Vereinbarung aufzugeben, da sie auf Angst basierte, und alles, was auf Angst basiert, basiert nicht auf Respekt. Eduardo fürchtete, nicht gut genug und ein »Versager« zu sein. Er verurteilte sich sehr unbarmherzig, und daher respektierte er sich selbst nicht. Außerdem lebte er sein Leben nicht im Hier und Jetzt.

Wenn Sie hart mit sich sind und nicht in der Gegenwart leben, sondern an andere Dinge denken, respektieren Sie weder sich selbst noch die Menschen, mit denen Sie zu tun haben. Darüber hinaus respektieren Sie in dem Moment nicht das Geschenk des Lebens.

Um Respekt zu erlangen, sind alle drei der oben beschriebenen Disziplinen vonnöten. Zum einen das Bewußtsein um den Augenblick, zum anderen Selbstdisziplin, damit Sie Ihre Ziele eins nach dem anderen erreichen, und schließlich Urteilsfreiheit. Diese drei Vereinbarungen verleihen Ihnen mehr Energie, damit Sie sich selbst so annehmen können, wie Sie sind. Sie fühlen sich runder, vollständiger, wenn Sie im Moment leben und die Disziplin besitzen, ein Ziel unter Zuhilfenahme Ihrer Wahrheit zu realisieren. Sie respektieren sich selbst mehr, sind zufriedener und empfinden mehr Freude und leben auf diese Weise noch mehr im Augenblick. Dann wissen Sie, daß Sie mit der Quelle verbunden sind, die alles kreiert hat, was existiert. Dann ist Ihnen auch viel klarer, daß Sie etwas Besonderes sind, was wiederum dazu führt, daß Sie einen größeren Respekt für sich selbst und für das Leben im allgemeinen empfinden. Dieser Prozeß baut sich immer mehr auf, bis Sie sich bei jedem Atemzug in jedem Augenblick Ihres Lebens respektieren.

5. Geduld

Die fünfte spirituelle Vereinbarung ist Geduld. Es ist heilend, sanft mit sich selbst umzugehen, liebevoll und vor allem geduldig. Geduld ist das größte Geschenk, das Sie sich selbst machen können. Sie stellt auch eine große Herausforderung dar, weil Sie – wie die meisten Menschen – wahrscheinlich möchten, daß die Dinge über Nacht geschehen. Sie sind daran gewöhnt, die Dinge zu erledigen und ein sofortiges Gefühl erbrachter Leistung zu empfinden. Spirituelle Transformation ist jedoch ein Vorgang, der seine Zeit braucht. Sie geben sich selbst ein großes Geschenk, wenn Sie zulassen, daß Sie sich die Wunden in Ihrem Inneren mit Geduld anschauen. Um dies zu tun, müssen Sie die Türen, hinter denen Ihre Wunden sich verbergen, weit öffnen. Schauen Sie sich diese inneren Verletzungen an, nehmen Sie sie an, und reinigen Sie Ihr Herz dann allmählich und mit Geduld. Erfüllen Sie Ihre Wunden mit jeder Schwingung von Liebe, die Ihnen möglich ist. Um Ihre Geduld zu unterstützen, bleiben Sie in der Gegenwart, im jetzigen Moment, spüren Sie den Schmerz, und machen Sie sich bewußt, daß die Dinge sich mit jedem Atemzug verändern und heilen, ob Sie sich des Prozesses bewußt sind oder nicht. Sich selbst zu heilen bedeutet, sich mit dem größten Respekt und mit der größten Liebe zu behandeln und sich dabei selbst das herrlichste Geschenk zu geben.

6. Vertrauen

Vertrauen ist die sechste Vereinbarung des Spirituellen Kriegers. Vertrauen ist ein machtvolles Wort. Unter Umständen haben Sie noch nie die Gelegenheit gehabt, sich wirklich selbst zu vertrauen. Ihre Erziehung lehrte Sie gewisse Regeln, die Ihre Erfahrung von Vertrauen bestimmten. Sie lernten, daß Sie dann, wenn Sie diesen Regeln folgten, »Vertrauen« hatten. Zum Beispiel haben Sie vielleicht gelernt, daß Sie Ihrem Partner vertrauen können, wenn er oder sie der Regel folgt, nicht mit anderen zu flirten oder auszugehen, und Ihnen in Wort und Tat ergeben ist. Sie werden als vertrauenswürdig empfunden, wenn Sie das gleiche tun. Oder nehmen wir an, Sie sind der Geschäftsführer eines Supermarktes, und Sie vertrauen den Kassiererinnen, daß sie die Regeln befolgen und nicht stehlen oder Bestellungen abrechnen, die gar nicht aufgegeben wurden.

Für den Spirituellen Krieger ist Vertrauen etwas anderes; es hat damit zu tun, für sich selbst voll da zu sein. Sie sind der Vogel, der beschließt, das Nest zu verlassen. Als Spiritueller Krieger wählen sie, Ihr eigener Schüler zu sein, ein Schüler des Geistes und des ganzen Universums. Sie wählen, ein Jaguar-Krieger zu werden, wenn Sie Ihren ersten Flug ins Vertrauen wagen. Diese Form des Vertrauens mag Ihnen zu Beginn neu sein, was vielleicht daran liegt, daß Sie die Regeln noch nicht kennen. Es hat damit zu tun, Ihrer inneren Stimme zu vertrauen, der Wahrheit in Ihrem Inneren. Und manchmal bedeutet das Vertrauen in die innere

Stimme, daß Regeln gebrochen werden, und das kann erschreckend sein. Vertrauen hat mit dem Wissen zu tun, daß Sie auf Ihrem Weg geführt werden und daß Sie sich hingeben und loslassen müssen.

7. Liebe

Liebe ist die siebte Vereinbarung des Spirituellen Kriegers. Um dieser Vereinbarung entsprechend zu leben, müssen Sie sich selbst so lieben, wie Sie einen Guru lieben, die Heiligen, Jesus oder Allah. Liebe ist in Ihrem Inneren und nicht außerhalb von Ihnen. Sie selbst sind Liebe, daher sollten Sie sich selbst immer lieben und Mitgefühl für sich haben.

Als beginnender Schüler, als Jaguar-Krieger, erleben Sie diese Worte der Vereinbarung als eine gewisse Schwingung, basierend darauf, wo Sie sich in Ihrem eigenen Wachstumsprozeß befinden. Zum Beispiel mag Ihr Verständnis von Liebe auf dem beruhen, was Sie in Beziehungen erlebt haben, vielleicht in einer Liebe, die auf Bedürftigkeit und Abhängigkeit basierte. Dies ist nicht die wahrste Form von Liebe. Während Sie mit Ihrer Arbeit auf dem Weg der Tolteken fortfahren, werden Sie vielleicht diese Worte der Vereinbarung als eine andere Schwingung wahrnehmen, basierend darauf, wie sich Ihr Verständnis von Liebe ändert. Bevor Sie wahrhaft jemand anderen lieben können, müssen Sie sich zuerst selbst lieben, und das zu tun bedeutet, daß Sie sich die Wunden und Muster in Ihrem Inneren anschauen müssen. Sie müssen sich selbst genug respektieren, um den ersten Schritt vorzunehmen, und bei diesem Prozeß Geduld haben mit sich selbst. Liebe wird jeden Augenblick transformieren, in dem Sie bereit sind, sich selbst und Ihre Wunden anzunehmen.

Wenn Sie spirituell arbeiten, entwickeln Sie eine gewisse tiefe Liebe für sich selbst. Vielleicht fühlen Sie sich dann zu Lehrern hingezogen, die das Ziel der Reflexion höchster Liebe erreicht haben. Diese Lehrer und Gurus sind wunderbare Spiegel, um Liebe zu reflektieren und Ihnen zu helfen, Liebe zu transformieren und Sie anderen widerzuspiegeln. Schauen Sie sich jedoch auch immer wieder selbst im Spiegel anderer Menschen an, und machen Sie sich bewußt, daß Sie selbst die Lehrer und Gurus sind und sich nicht im geringsten von ihnen unterscheiden.

8. Untadeligkeit des Umfeldes

Die achte Vereinbarung besteht darin, daß Sie sich mit einem untadeligen Umfeld umgeben. Das Umfeld, das Sie kreieren, ist sehr wichtig, da es eine Reflexion Ihres Wesens ist. Wenn Sie anfangen, Ihr inneres Selbst zu reinigen, in Ihr Herz zu schauen und innere Türen und Wunden zu öffnen, ist es ganz besonders wichtig, daß Sie eine äußere Umgebung schaffen, die sauber ist und den Guru in Ihrem Inneren widerspiegelt. Mit einfachen Worten ausgedrückt, heißt das, Sie sollten Ihr Heim aufräumen und saubermachen. Ihr Heim ist Ihr Tempel. Also sorgen Sie dafür, daß Sie es zu einem Zuhause machen, in dem Sie sich wirklich wohl fühlen. Fokussieren Sie sich auch auf Ihre Erscheinung. Halten Sie Ihre Kleidung sauber, gebügelt und ordentlich. Sie reinigen Ihr äußeres Selbst auf die gleiche Weise, wie Sie Ihr inneres Selbst reinigen.

9. Ehrlichkeit

Die neunte spirituelle Vereinbarung besteht aus drei Teilen. Der erste Teil bedeutet, ehrlich mit sich selbst zu sein: in Ihr eigenes Herz zu schauen und zu entscheiden, was Sie wirklich wollen und wie Sie wirklich fühlen. Der zweite Teil bedeutet, daß Sie Ihrer Wahrheit Ausdruck geben, was eine Folge davon ist, ehrlich mit sich selbst zu sein. Wenn Sie erst einmal in Ihr eigenes Herz schauen und ehrlich Ihre Wahrheit erkennen, dann können Sie sie auch in Worte fassen. Sagen Sie Ihren Mitmenschen, was Sie denken und fühlen. Keine Lügen und kein Verstecken mehr. Der dritte Teil dieser Vereinbarung ist eine Regel in bezug auf Handeln, basierend auf den ersten beiden Teilen: Gehen Sie nicht gegen sich selbst vor. Tun Sie nichts, das sich gegen Ihr Herz oder Ihre Seele richtet.

Ihre einzige Intention bei dem Wunsch, ein Spiritueller Krieger zu werden, besteht darin zu lernen, Ihrer Wahrheit Ausdruck zu geben und der leisen Stimme in Ihrem Inneren zu folgen, die Sie jeden Augenblick führt. Diese leise Stimme und Ihre Wahrheit werden stärker, je ehrlicher Sie mit sich selbst werden und je mehr Sie auf Ihr Herz hören.

Die einzige Möglichkeit, nicht gegen sich selbst vorzugehen, besteht darin, Ihre Wahrheit zu fühlen: in Ihr eigenes Herz zu schauen und zu wissen, daß Sie nicht länger ein bestimmtes Schema fortsetzen wollen. Sie treffen eine Wahl. Das Muster ist etwas, das Sie bereits getan haben, ein Geschmack, den Sie schon kennen und den Sie nicht mehr in Ihrem Leben haben wollen. Die Erinnerung an den Schmerz oder andere Emotionen, die Sie in diesem Schema empfunden haben, werden Ihnen die Kraft geben, nicht mehr gegen sich selbst vorzugehen, wenn das Muster wieder auftaucht.

Alle spirituellen Vereinbarungen sind miteinander verbunden. Um nicht gegen sich selbst vorzugehen, müssen Sie sich Ihrer Muster und Schemata bewußt werden. In dem Moment, wo Ihnen eine Vereinbarung gegeben wird und Sie sie verinnerlichen, wird ein Verhaltensmuster kreiert. Von da an werden Sie automatisch dieses Verhaltensmuster fortsetzen. Es ist etwas, das Sie kennen; es ist Ihnen vertraut. Vielleicht wurde Ihnen als Kind die Vereinbarung gegeben, daß Kinder gesehen, aber nicht gehört werden sollen. Sie haben diese Vereinbarung angenommen und sie Ihr Leben lang automatisch als die richtige Lebensweise empfunden. Selbst wenn Sie heute als erwachsener Mensch gerne sagen möchten, was Sie fühlen oder denken, tun Sie es automatisch nicht, weil die Vereinbarung Ihnen das Gefühl gibt, daß Sie nichts Wichtiges zu sagen haben. Indem Sie nichts sagen, richten Sie sich gegen Ihre wahren Gefühle, nämlich die, sich ausdrücken zu wollen. Also besteht die Herausforderung darin, genug Bewußtsein und Mut zu haben, dieses automatische, gewohnheitsmäßige Verhalten zu transformieren.

Wenn Sie mit der Arbeit als Spiritueller Krieger oder Jaguar-Krieger beginnen, werden Sie allmählich immer mehr Bewußtsein erlangen. Und während Sie mehr und mehr in der Lage sind, ganz in der Gegenwart zu leben; wenn Sie Ihre Energie zurückerlangen und die Verantwortung für Ihre Handlungen übernehmen, wird Ihre innere Kraft schließlich immer größer werden. Diese größere Kraft wiederum hilft Ihnen, die alten Muster zu verändern. Also ist Ihre Intention als Spiritueller Krieger die, ehrlich zu sein, nicht gegen sich selbst vorzugehen und in jedem Augenblick so klar wie möglich Ihrer eigenen Wahrheit Ausdruck zu verleihen.

Nehmen wir zum Beispiel an, daß Ihre Lebensweise in der Vergangenheit beinhaltete, viel auf Parties zu gehen. Die Leute, mit denen Sie zusammen waren, nahmen immer viele Drogen und tranken Alkohol, und Sie haben es ihnen gleichgetan. Diese Menschen waren Ihre Freunde. Doch Sie wußten, daß Sie sich in Wahrheit hundeelend fühlten, also beschlossen Sie eines Tages, aus diesem Traum aufzuwachen. Dieser Lebensstil war nicht mehr das richtige für Sie. Sie wurden krank und verloren Ihren Job; Sie waren unzufrieden mit Ihrem Leben. Sie beschlossen, ein neues Umfeld für sich selbst zu kreieren, indem Sie Ihren Körper achteten und auf eine Weise mit sich umgingen, wie Sie es vorher noch nie getan hatten. Also betrachteten Sie sich selbst schonungslos und ehrlich.

Mit diesem erweiterten Bewußtsein entschieden Sie, was Sie in Ihrem Leben ändern oder loslassen und was Sie beibehalten wollten. Aufgrund dieser Ehrlichkeit mit sich selbst hatte jeder Schritt in Ihrem Prozeß der Veränderung damit zu tun, nicht gegen Ihr wahres Wesen vorzugehen. Sie würdigten Ihr wahres Selbst, daß eine Transformation ersehnte.

Indem Sie das Ihnen gewohnte Leben hinter sich ließen, merkten Sie jedoch, daß Sie Ihre Freunde vermißten und sie immer noch zuweilen gerne um sich haben wollten. Die schwersten Prüfungen kamen dann, wenn Sie in die alte Umgebung eingeladen wurden. Sie fühlte sich so vertraut an; es war etwas, das Sie so gut kannten. Ein Teil von Ihnen wollte automatisch in die alten Muster zurückfallen, weil sie sicher waren, vertraut und etwas, daß Sie jahrelang gelebt hatten. Und Ihr Parasit redete auf Sie ein: »Was geht es die anderen an; du weißt, das hier ist es, was du wirklich tun willst. Du willst wirklich Marihuana rauchen und Alkohol trinken.« Doch der Teil von Ihnen, der mit der Transformation begonnen hatte, schaute sich Ihre Wahrheit an, und die besagte, daß Sie diese Dinge nicht mehr tun wollten. Also entschieden Sie, keine Drogen zu nehmen und keinen Alkohol zu trinken – Ihrem Körper diese Erfahrung nicht länger anzutun. Sie begaben sich in Ihr altes, vertrautes Umfeld und taten nichts, was Ihnen hätte schaden können. Dies war Ihnen möglich, weil Sie stark und ehrlich mit sich selbst waren.

Als Ihre Freunde zu Ihnen kamen und vorschlugen, was zu rauchen oder Drogen zu nehmen oder Alkohol zu trinken, waren Sie in der Lage, Ihre Wahrheit zu sagen. Tief in Ihrem Inneren fühlten Sie eine starke Verpflichtung gegenüber Ihrer Entscheidung, also sagten Sie ihnen: »Nein, ich habe wirklich beschlossen, mit diesen Dingen aufzuhören, und ich richte mich danach. Es ist meine freie Wahl, hier zu sein, weil ich gerne mit euch zusammen bin, aber das bedeutet nicht, daß ich das tun muß, was ihr tut, um mich wohl zu fühlen.«

Irgendwann kam es zu einer Entfremdung zwischen Ihnen und Ihren Freunden, weil Sie nichts mehr gemeinsam hatten außer alten Erinnerungen. Sie hörten auf, sich mit ihnen zu treffen, nicht weil Sie sie verurteilten oder nicht mehr mochten, sondern weil Sie sich verändert hatten. Sie begannen, Menschen kennenzulernen, die sich auch im Prozeß der Transformation befanden, und indem Sie Zeit mit ihnen verbrachten, schafften Sie sich ein neues Umfeld. Diese neuen Menschen wurden Ihnen sehr vertraut, wie eine Familie. Sie vertrauten sich selbst und waren in der Lage, Ihre Vergangenheit mit Liebe und Respekt hinter sich zu lassen.

10. Handeln

In jedem Augenblick Ihres Lebens gibt es Dinge, die manifestiert oder transformiert werden müssen. Doch damit die Transformation möglich wird, müssen Sie zur Tat schreiten, müssen handeln. Das ist die zehnte spirituelle Vereinbarung. Sie können davon träumen,

Ihr Leben zu verändern, aber das heißt nicht, daß Sie es tun werden. Es liegt in Ihrer Verantwortung, nicht nur ständig in Ihr Herz zu schauen und Ihre Muster zu erkennen, sondern aktiv zu werden, um Veränderungen in Ihrem Leben zu ermöglichen. Die anderen spirituellen Vereinbarungen werden Ihnen dabei helfen.

11. Untadeligkeit der Energie

Die elfte und letzte spirituelle Vereinbarung ist die Untadeligkeit der Energie. Wenn Sie die Entscheidung treffen, ein Jaguar-Krieger zu werden und damit beginnen, die Dinge in Ihrem Leben in die Hand zu nehmen und aktiv zu werden, erheben Sie Anspruch auf Energie und persönliche Kraft für sich selbst. Persönliche Kraft beruht darauf, wie Sie in jedem Augenblick Ihres Lebens mit Ihrer Energie umgehen: während Sie mit anderen Menschen kommunizieren, während der Momente der Stille mit sich selbst, während Ihrer Arbeitsaktivitäten. Bei jeder Aktivität resultiert persönliche Kraft daraus, wie Sie mit Ihrer Energie umgehen. Untadelig mit der eigenen Energie umzugehen bedeutet, daß Sie sich jeden Augenblick Ihres Kraftfeldes bewußt sind und wie Sie es als Ihre persönliche Kraft gebrauchen. Wenn Sie Ihre Energie mit Untadeligkeit benutzen, haben Sie eine Reverenz für alles, was lebt, und für die Tatsache, daß alles ein Spiegel Ihres eigenen Wesens ist. Sie empfinden größte Achtung sich selbst gegenüber und für die Macht

Ihrer Worte bei der Kommunikation mit anderen. Zum Beispiel ist es ein untadeliger Gebrauch Ihrer Energie, wenn Sie sich nicht an Klatsch und Tratsch beteiligen. Ein weiterer untadeliger Gebrauch von Energie besteht darin, nicht ständig sexuelle Energie auszusenden, wenn sie mit anderen Menschen zu tun haben, weil die Wunden tief in Ihrem Inneren das Bedürfnis in Ihnen wecken, unbedingt Aufmerksamkeit erregen zu müssen – auch wenn Sie sich nicht wirklich leiden mögen und weit davon entfernt sind, sich selbst zu lieben und zu achten. Je mehr sie sich an sich selbst heranpirschen, desto mehr Bewußtsein erlangen Sie und desto untadeliger werden Sie mit Ihrer Energie.

Mary, die in gestörten Familienverhältnissen aufgewachsen war, führte eine schlechte Ehe, aus der sie unbedingt ausbrechen wollte. Sie und ihr Mann waren nie wirklich ehrlich miteinander gewesen; sie lebten einfach ein Muster, eine Routine. Verheiratet zu sein gab ihnen ein Gefühl von Sicherheit, da es eine bekannte, vertraute Struktur war, die sie um sich selbst herum aufgebaut hatten. Es war ein Schema, das einen Schutz vor der Außenwelt bot. Sie hatten beide Angst, die Grenzen zu durchbrechen, die sie kreiert hatten. Doch in Wirklichkeit existierten diese Grenzen gar nicht. Mary hätte jederzeit gehen können, wenn sie wirklich gewollt hätte. Die einzigen Grenzen, die es gab, existierten in ihrem Kopf.

Mary wurde so unglücklich mit dem Leben in den Grenzen, die sie selbst geschaffen hatte, daß sie schließlich die Entscheidung traf, ihr Leben zu ändern. Sie wurde ihre eigene Schülerin, Schülerin Gottes und des Universums, um darauf hinzuarbeiten, ein Jaguar-Krieger zu werden. Sie pirschte sich an alle Ereignisse heran, die sie als kleines Mädchen erlebt hatte. Sie stellte sich vor, daß sie etwas Besonderes war, daß der Mißbrauch, den sie erlitten hatte, nicht ihr Fehler war, daß Sie damals keine Wahl hatte, weil sie noch ein Kind war, und daß sie sich jetzt selbst vergeben konnte. In diesem Akt des Vergebens erkannte sie, daß sie jetzt eine Wahl hatte, da sie kein kleines, hilfloses Mädchen mehr war. Sie konnte wählen, ihre gegenwärtige Beziehung aufrechtzuerhalten, bei der es sich um eine unglückliche, mißbräuchliche Situation handelte, oder sie zu beenden. Mary schaute in ihr Herz und war ehrlich mit sich selbst. Sie sah, daß sie ihren Mann nicht wirklich liebte. Außerdem erkannte sie das generelle Beziehungsmuster in ihrem Leben: den Kreislauf von Mißbrauch, den sie und ihre Tochter erfahren hatten, und die Angst davor, alleine zu sein. Mit viel Mut traf sie die Entscheidung, das Muster zu durchbrechen und einen Schritt in eine neue Richtung zu tun, selbst wenn das bedeutete, alleine zu sein, was eine ihrer größten Ängste war. Sie wollte für sich und ihr Kind sorgen und sich selbst vollständig heilen. Der Respekt, den Mary für sich selbst empfand, wurde immer größer, und schließlich war sie in der Lage, ihrem Mann gegenüber die Wahrheit zu sagen. Ihre Wahrheit war, daß sie ihn verlassen wollte. Mary hatte aufgehört, gegen sich selbst vorzugehen. Sie ließ sich scheiden.

Marys Worte und Taten waren untadelig. Diese Untadeligkeit war das Resultat ihrer Selbstachtung und der Tatsache, daß sie ihren wahren Wert erkannt hatte. Sie liebte sich selbst und sah sich als etwas ganz Besonderes. Sie beschloß, in ihr Herz zu schauen, ihre Wahrheit zu sehen, ihrem Mann gegenüber ehrlich zu sein und nichts mehr zu tun, was ihr hätte schaden können, egal was es kostete und wie groß die Ängste waren, denen sie sich stellen mußte. Sie machte die ersten Schritte in ein neues Leben.

11

Pirschen

Den Traum verändern

Der Prozeß der Transformation beginnt mit der Suche nach einer neuen Möglichkeit, die Welt zu sehen. Sie beginnen mit dieser Suche, wenn Ihnen bewußt wird, daß Ihr Leben nicht mehr funktioniert und Sie nicht mehr zufrieden sind. Ein ähnliches Bewußtsein hat Sie dazu gebracht, dieses Buch zu lesen. Auf dem Pfad der Tolteken besteht die erste Handlung als Suchender darin, einen *nagual* zu finden, den höchsten Lehrer auf diesem Pfad. *Naguals* haben Meisterschaft auf allen Ebenen dieser Arbeit erreicht. Das Lesen dieses Buches stellt für Sie den ersten Schritt dar; Sie suchen nach etwas Besserem in Ihrem Leben, und Sie haben die Lehren eines *naguals* gefunden.

Der zweite Schritt auf dem Pfad der Tolteken besteht darin, ein toltekischer Krieger, ein Schüler zu werden. Dieser Schritt bedeutet eine Verpflichtung zum Lernen und dazu, das Gelernte in die Tat umzusetzen, selbst wenn es zuweilen schwierig ist, ehrlich ins eigene Innere zu schauen. In der Vergangenheit gehörte es zum toltekischen Weg, Schüler eines *naguals* zu werden, doch stand diese Möglichkeit nur wenigen Menschen offen. Heute existiert der Traum des Kriegers auf eine andere Weise. Anstatt Schüler eines *naguals* zu werden, werden Sie Ihr eigener Schüler unter der Anleitung der Lehren eines *naguals*. Die Lektionen in diesem Buch sind solche Lehren. Sie stehen jedem offen, der sich dafür interessiert. Obwohl diese Arbeit heute jedermann zugänglich ist, stellt die Entscheidung, ein Schüler zu werden, nach wie vor eine ernste Verpflichtung dar. Sie versprechen sich selbst, daß Sie Ihr Bestes tun und hundertprozentig auf das Ziel der Selbst-Transformation hinarbeiten werden.

Es gibt zwei Ebenen auf dem toltekischen Pfad, die Sie im Laufe Ihrer Suche nach Transformation durchlaufen werden. Die erste Ebene des toltekischen Kriegers ist der Jaguar-Krieger, die zweite Ebene der Adler-Krieger. Das Durchlaufen dieser beiden Stufen ist ein Prozeß, bei dem die Türen Ihres Herzens geöffnet werden. Der Schlüssel zum Öffnen dieser Türen besteht darin, ein Jaguar zu werden. Dieser Schritt beginnt dann, wenn Sie mit der ersten Ebene der Arbeit beginnen und ein Jaguar-Krieger werden.

Die Ebene des Jaguar-Kriegers

Die Tolteken bezeichneten aufgrund der Wichtigkeit, die sie dem Jaguar und seinem Verhalten zuschrieben, die erste Ebene der Lehren als die des Jaguar-Kriegers. Sie spürten, daß der Jaguar ein wichtiger Lehrer für diejenigen war, die bereit waren, von ihm zu lernen, weil sie ihn als einen Meister des Pirschens betrachteten, der auf der Erde lebt und jagt. Sie sahen den Jaguar als ein Wesen, das wach, leise und total auf den Moment fokussiert war. Also visualisierten sich die Tolteken auf der ersten Ebene der Arbeit als Jaguar, dem wunderbaren Pirscher, der sich an seine Beute heranpirscht, um entsprechend seinem Vorbild zu Meister-Pirschern zu werden, die sich an sich selbst heranpirschen.

Pirschen ist ein bedeutungsschweres Wort im Traum des Planeten. Es kann erschreckende Vorstellungen bei Ihnen hervorrufen, beispielsweise wie ein Mensch einen anderen verfolgt. Doch die toltekische Form des Pirschens hat nichts damit zu tun, andere Personen zu verfolgen. Es geht darum, sich an sich selbst heranzupirschen. Als toltekischer Krieger schauen Sie in Ihr eigenes Inneres.

Wenn Sie sich entscheiden, ein Spiritueller Krieger zu werden, visualisieren Sie sich selbst als jemand, der die Augen einer Katze hat, mit denen Sie sich selbst in jedem Augenblick Ihres Lebens betrachten. Sie jagen alles, was Sie als Mensch auf dieser Welt erleben: die Muster, nach denen Sie Ihr Leben führen, wie Sie über andere klatschen, wie Sie über andere denken und sie verurteilen, wie Sie über sich selbst denken und sich verurteilen, wie Sie handeln und was Sie fühlen. Sie entscheiden nicht, ob Dinge gut oder schlecht sind, positiv oder negativ. Sie verurteilen sich selbst nicht als schlecht, weil Sie über andere reden. Vielmehr holen Sie sich die Energie zurück, die Sie im Austausch mit anderen Personen verloren haben; Sie verbinden sich mit Ihrer inneren Wahrheit und finden Heilung.

Sie schauen in Ihr Herz und sehen, wo die Trauer, die Wut und die Unzufriedenheit liegen, und öffnen die Türen, die von diesen Wunden verschlossen wurden. Wie bei vielen anderen Menschen, sind Ihre Türen vielleicht mit hübsch angemalten Schlössern versiegelt, die Ihnen sagen, daß Sie diese Gefühle bereits verarbeitet haben oder daß sie nur in der Vergangenheit existiert haben und daher heute nicht mehr wichtig sind. Die Intention besteht darin, sich sicher genug zu fühlen, die Teile Ihres Wesens zu betrachten, die hinter den Türen verborgen sind, damit sie geheilt werden können und Sie zu dem Wesen werden, das Sie in Wahrheit sind.

Der Jaguar heilt seine Wunden, indem er sie leckt und liebevoll annimmt. Wenn Sie in Ihr Inneres schauen, öffnen Sie Ihre Wunden mit Geduld und Liebe. Sie nehmen die Trauer und den Schmerz in Ihrem Herzen an, ohne irgend jemandem die Schuld daran zu geben. Heilung hat nichts damit zu tun, sich selbst oder anderen die Schuld zu geben. Mit dem Finger auf andere zu zeigen und sie schuldig zu sprechen verändert weder die Situation, noch macht es

Sie glücklich. Es verändert weder die bestehenden Muster, noch heilt es die Wunden, die diese Muster verursacht haben. Die Wunden selbst sind die Quelle Ihrer Trauer und Ihres Unglücks. Heilung hat damit zu tun, daß Sie die volle Verantwortung für Ihr Leben übernehmen. Es geht darum, schrittweise vorzugehen und zu handeln, um die Muster zu ändern und die Wunden in Ihrer Seele zu heilen.

Pirschen bedeutet, aktiv zu werden. Es ist ein Instrument, von einem *nagual* an Sie weitergegeben, das Ihnen hilft, sich die Vereinbarungen anzuschauen, die Ihnen vom Traum des Planeten gegeben wurden, und dann Ihre Wunden zu säubern und Ihre Muster zu verändern. Pirschen hilft Ihnen außerdem, die Verantwortung zu übernehmen für die Energie, die Sie durch Vereinbarungen an andere abgegeben haben und durch harsche Worte, die Sie gesagt haben. Andere Menschen sind nicht verantwortlich für die Worte, mit denen Sie sie jeden Tag bedenken. Sie allein sind verantwortlich dafür. Pirschen benutzt die Macht des Atems, um zu heilen. Die Macht des Atems ist eine Manifestation von Liebe und Respekt. Heilung tritt immer nur dann ein, wenn wir uns selbst mit größter Liebe und Respekt behandeln.

Indem Sie Ihre Wunden heilen und die Trauer loslassen, bekommen Sie die ganze Energie zurück, die Sie in Interaktionen mit anderen Menschen verloren haben und zeit Ihres Lebens nutzlos haben verpuffen ließen. Dieses Zurückholen Ihrer Energie stärkt Ihre Willenskraft, und Sie entwickeln das erforderliche Bewußtsein, das Ihnen erlaubt, Muster und Schemata zu durchbrechen und zu erkennen, daß alles, was Sie in Ihrem Leben tun, Ihre eigenen Entscheidungen sind. Dann können Sie positive Entscheidungen für sich selbst treffen. Und wenn sie mit Schwierigkeiten konfrontiert werden, sind Ihre Reaktionen nicht mehr länger so extrem oder emotional überwältigend. Statt dessen sind Sie in der Lage, Ihren Fokus zu verändern, um die Auswirkungen des Problems zu minimalisieren. Sie sind losgelöst genug, daß auftauchende Probleme Sie nicht mehr länger ins Unglück oder in Verzweiflung stürzen können. Sie sind in der Lage, mehr im Moment zu leben. Sie beginnen, sich glücklich und zufrieden zu fühlen und das Leben in vollen Zügen zu genießen. Dieser Prozeß braucht Zeit und führt nicht über Nacht zum Ziel. Wenn Sie sich auf der Ebene des Jaguar-Kriegers befinden, kämpfen Sie noch immer eine Schlacht mit dem Parasiten und den tiefen Wunden in Ihrem Inneren. Sobald Sie den Punkt erreicht haben, wo Sie die meiste Zeit glücklich und zufrieden sind, sind Sie zum Jaguar geworden. Sie haben seine Lektionen gemeistert. Dann betreten Sie die nächste Ebene der toltekischen Arbeit: die des Adler-Kriegers.

Die Ebene des Adler-Kriegers

Für toltekische Krieger ist die Ebene jenseits des Jaguar-Kriegers die des Adler-Kriegers. Auch der Adler wird als wichtiger Lehrer betrachtet. Sobald Sie als Schüler die Lektionen des Jaguars gelernt haben, fokussieren Sie sich auf das Meistern der Lektionen des Adlers. Ein Adler-Krieger zu werden bedeutet, nicht mehr als Jaguar durch die Welt zu schreiten, sondern als Adler durch die Lüfte zu fliegen. Der Adler schwebt über allem. Stellen Sie sich vor, wie Sie mit seinen Augen schauen, und empfinden Sie seine Wahrnehmungen. Im Flug blickt der Adler hinunter auf die Erde, was eine völlig andere Sichtweise ist als die des Jaguars auf der Erde. Während sich der Jaguar auf das Objekt seiner Jagd fokussiert, nimmt der Adler in jedem Augenblick zwei Realitäten wahr: die Realität der Jagd (wie der Jaguar) und die Realität der Umgebung. Die Art und Weise, wie der Adler die Jagd erlebt und was er essen wird, beruht auf dem Jaguar in seinem Inneren. Der Jaguar ist das Teleobjektiv, das einen Punkt heraussucht und sich darauf fokussiert. Der Adler ist die Linse, die das weitere Umfeld wahrnimmt, das, was sich um seine Beute herum befindet.

Wenn Sie zum Adler-Krieger werden, betrachten Sie das Leben nicht mehr länger nur aus einer einzigen Perspektive. Sie entwickeln ein ungeheuer großes Bewußtsein, einschließlich des Bewußtseins von Ausgeglichenheit. Ihre menschliche Seite ist nach wie vor mit der Erde verbunden und lebt jeden Augenblick in seiner ganzen Fülle. Doch gleichzeitig erheben Sie sich in die Lüfte und erweitern Ihr Bewußtsein in Richtung Gott oder der Quelle. Der Adler ist Ihre Seele. Sie erfahren die Quelle und wissen, wie sie sich anfühlt, selbst wenn es Ihnen vielleicht nicht möglich ist, dieses Gefühl in jedem Moment aufrechtzuerhalten. Zudem haben Sie genug Bewußtsein, sich zufrieden zu fühlen, was ein großes Geschenk ist. Als Adler-Krieger leben Sie daher sowohl im Traum des Himmels als auch im Traum der Erde.

Als Adler-Krieger erleben Sie den Lichtstrahl, der Freiheit bedeutet, das Zentrum des Sterns, der im neunten Kapitel beschrieben wurde. Von dieser Freiheit strahlt Zufriedenheit, Glück und Freude aus. Sie sind verspielter. Als Adler-Krieger empfinden Sie diese Gefühle wesentlich öfter denn als Jaguar-Krieger, doch das bedeutet nicht, daß die anderen Emotionen wie zum Beispiel Trauer, Schuld, Scham und dergleichen völlig aus Ihrem Leben verschwunden sind. Diese Gefühle mögen noch immer vorhanden sein, doch haben Sie ein so umfassendes Bewußtsein erreicht, daß Sie sie wesentlich schneller ändern können. Sie fallen nicht mehr hilflos in diese Emotionen; Sie sind nicht länger mehr ein Opfer. Sie erlauben Ihrem Parasiten nicht, diese Emotionen mit Gedanken wie, »Warum ich? Warum behandeln mich die Leute so?« oder mit Selbstmitleid zu füttern. Als Adler-Krieger sind Sie sich dieser Emotionen bewußt, doch halten Sie Ihren Fokus auf alles gerichtet, das in diesem Moment passiert. Sie nehmen Ihre Gefühle wahr, und dann lassen Sie sie los.

Nicht jeder wird ein Adler-Krieger, doch wenn Sie diese Ebene erreicht haben, setzt sich Ihr eigener Flug fort, der Ihr persönliches und spirituelles Wachstum darstellt. Ihrem Wachstum sind keine Grenzen gesetzt. Wenn Sie diese Ebene gemeistert haben, werden Sie zu einer Manifestation des Himmels auf Erden. Sie können sogar die Position eines Naguals erreichen, die höchste Stufe auf dem Pfad der Tolteken. Dies ist jedoch nur wenigen Menschen vorbehalten.

Die Reise beginnt

Jetzt, wo Sie bereit sind, Heilung und Transformation zu erfahren, nehmen Sie sich ein paar Minuten Zeit, um die Verpflichtung einzugehen und Ihr eigener Schüler zu werden. Dies ist ein Akt der Liebe, ein Geschenk, das Sie sich selbst geben. Dann folgt eine Zeremonie und anschließend ein Gebet, um Ihnen zu helfen, ein Jaguar-Krieger zu werden.

Um diesen wichtigen Schritt vorzunehmen, suchen Sie sich einen ruhigen, ungestörten Ort, und zünden Sie eine Kerze an. Bringen Sie Ihren Verstand zur Ruhe. Setzen Sie sich aufrecht hin, und schauen Sie in die Flamme, während Sie die folgenden Worte der Kraft sagen:

Ich (Ihr Name) beschließe, mich an diesem neuen Beginn in meinem Leben zu lieben und zu achten. Ich werde so präsent und ehrlich mit mir selbst sein, wie es mir möglich ist. Ich werde die Türen öffnen, um mir selbst auf einer neuen Stufe zu vertrauen und mir selbst und anderen zu vergeben. Ich werde lernen, jeden Augenblick meines Lebens meinen Atem zu lieben. Ich liebe MICH.

Jetzt ist der Moment gekommen, die Kunst des Heranpirschens an sich selbst zu lernen. Sie sind der Jaguar. Das Pirschen besteht aus zwei Teilen: der Technik und der Praxis.

Die Technik des Pirschens

Der Akt des Atmens ist machtvoll; er ist ein lebensspendender, reinigender Vorgang auf einer physischen Ebene. Mit jedem Einatmen nehmen Sie Sauerstoff auf, eine lebensspendende Kraft, und mit jedem Ausatmen geben Sie Kohlendioxid ab, eine Substanz, für die Ihr Körper keine Verwendung hat. Beim Pirschen geschieht der gleiche Prozeß auf einer energetischen Ebene. Wenn Sie die Macht Ihres Atems benutzen, um sich an sich selbst heranzupirschen, tauschen Sie Energie mit beiden Aspekten Ihres Atems aus, Ihrem Einatmen und Ihrem Ausatmen.

Das Einatmen. Sie atmen ein, wenn Sie etwas zurückerlangen wollen, was Sie einem anderen oder sich selbst gegeben haben, wie zum Beispiel unfreundliche Worte oder ein Urteil. Sie halten das Image der entsprechenden Interaktion oder Situation, die Sie sich anschauen wollen, vor Ihrem inneren Auge fest. Während Sie einatmen, visualisieren Sie das, was Sie zurückbekommen wollen, und Sie sehen, wie es durch Ihren Körper gefiltert wird und zu Mutter Erde zurückkehrt. Mutter Erde ist frei von Urteilen und wird die Energie aufnehmen, die Sie in sie hineinfiltern. Für jedes Image sollten Sie mehrmals tief einatmen. Halten Sie den Atem, bis Sie in Ihrem Herzen fühlen, daß der Energieaustausch komplett vollzogen ist. Wenn Sie sich auf das Einatmen fokussieren, wird Ihnen das Ausatmen lediglich dabei helfen, Ihren Atemrhythmus aufrechtzuerhalten; es ist nicht nötig, daß Sie Ihre Aufmerksamkeit darauf fokussieren.

Das Ausatmen. Sie atmen aus, wenn Sie jemandem etwas zurückgeben wollen. Dabei handelt es sich um etwas, das Ihnen gegeben wurde, ohne daß es Ihnen gehört. Es kann jede Art von intensiver Emotion sein, wie beispielsweise Zorn, Hass oder Ablehnung, die gegen Sie gerichtet war, oder alle Samen oder Worte, hinter denen eine ausgeprägte Intention stand. Wenn Ihnen zum Beispiel jemand sagt, daß Sie dumm sind, dann steht hinter diesem Wort eine sehr deutliche Intention; sie ist ein Samen. Ein Samen ist eine machtvolle Vereinbarung, die sich von dem Augenblick an auf das auswirkt, was Sie in bezug auf sich selbst glauben.

Während des Pirschens halten Sie das Image jeder Interaktion oder Situation, die Sie sich anschauen, vor Ihrem inneren Auge aufrecht. Indem Sie ausatmen, geben Sie die Emotion, Vereinbarung oder den Samen zurück. Wenn Sie ausatmen, tun Sie es kraftvoll: Stellen Sie sich vor, wie Sie eine Mücke von Ihrem Arm pusten. Für jedes Image, das Ihnen in den Sinn kommt, sollten Sie mehrere Male kräftig ausatmen. Warten Sie, bis Sie in Ihrem Herzen spüren, daß der Energieaustausch komplett vollzogen ist. Wenn Sie sich auf das Ausatmen fokussieren, hilft das Einatmen Ihnen lediglich, Ihren Atemrhythmus aufrechtzuerhalten; es ist nicht nötig, sich darauf zu fokussieren.

Bei einigen Images müssen Sie sich vielleicht nur auf das Einatmen konzentrieren, um Dinge zurückzunehmen. Tun Sie das für jedes Image einmal oder mehrmals. Bei anderen Images müssen Sie vielleicht nur das Ausatmen benutzen, um Dinge zurückzugeben.

Und in anderen Fällen wiederum werden Sie vielleicht lieber mit dem Ein- und Ausatmen arbeiten. Atmen Sie stets so viel ein oder aus, bis Sie das Gefühl haben, es sei genug. Die spezifischen Images und Bereiche, auf die Sie sich fokussieren sollten, hängen von der Ebene des Pirschens ab. Die verschiedenen Pirsch-Stufen werden im nächsten Paragraphen beschrieben.

Unter Umständen ist es Ihnen unangenehm, Energieformen wie beispielsweise Vereinbarungen und böse Worte den Menschen zurückzugeben, die sie Ihnen gegeben haben. Vielleicht denken Sie, es würde ausreichen, sie an die Erde zurückzugeben oder an die universale Energie. Es stimmt, daß alles im Leben Energie ist und daß alles seine eigene persönliche Vibration besitzt. Eine Pflanze hat eine bestimmte Vibration, und der Boden, in dem sie verwurzelt ist, hat eine andere. Doch im Laufe des Zyklus Ihrer Seele als menschliches Wesen sind Sie für jede Aktion verantwortlich, die Sie vornehmen. Wenn Sie Energieformen wie zum Beispiel Vereinbarungen und harsche Worte, die Sie gegeben oder geäußert haben, zurücknehmen, erfüllen Sie Ihr Schicksal und machen den Zyklus Ihrer Seele vollkommen. Wenn Sie andererseits die Energie zurückgeben, die Ihnen von anderen Menschen gegeben wurde, dann hilft das diesen Personen, ihr Schicksal und den Zyklus ihrer Seele zu vollenden.

Wenn Sie Ihre Intention atmen und Vereinbarungen zurückgeben, sollten Sie dies immer mit Liebe tun. Und wenn Sie sich Energie zurückholen, tun Sie auch dies mit der Intention von Liebe. Jeder Atemzug ist reine Liebe, ist die Essenz des Lebens. Machen Sie sich dieses Bewußtsein zu eigen; es ist nicht etwas, auf das Sie sich fokussieren oder über das Sie reden müssen.

Die Praxis des Pirschens

Sie sollten sich mindestens eine Stunde Zeit nehmen für das Pirschen, und zwar täglich. Jede Tageszeit eignet sich dafür, doch am besten ist es, wenn Sie sicher sein können, eine volle Stunde lang ungestört zu sein. Es ist empfehlenswert, allein zu sein, den Anrufbeantworter ein- und den Pager auszuschalten. Die meisten Pirsch-Sessions bestehen aus vier Teilen. Der erste Teil ist eine Meditation, um Ihr Herz zu öffnen und zu reinigen, eine Vorbereitung auf das Pirschen. Der zweite Teil ist das Pirschen selbst, wobei der Fokus von der Stufe des Pirschens abhängig ist. Der dritte Teil ist eine Zeit der Reflexion, in der Sie anderen Ihre Erfahrungen mitteilen, falls Sie in einer Gruppe arbeiten, oder in der Sie Ihre Erlebnisse aufschreiben oder auf eine Kassette aufnehmen, falls Sie alleine sind. Sich ein Journal zuzulegen und Ihre Erfahrungen zu notieren hilft Ihnen zu erkennen, welche Themen für Sie auftauchen, und erlaubt Ihnen, über Ihre Verhaltensmuster nachzudenken. Wenn Sie Ihr Journal zu einem späteren Zeitpunkt erneut lesen, können Sie außerdem feststellen, wie weit Sie schon gekommen sind. Auch wenn Sie in einer Gruppe arbeiten, ist es gut, Ihre Erfahrungen aufzuschreiben, nachdem Sie sie mit der Gruppe geteilt haben. Sollten jedoch zeitliche Beschränkungen ein Thema sein, dann ist das Aufschreiben hier freiwillig. Der vierte Teil der Session besteht aus einer abschließenden Meditation zur Heilung.

Es gibt fünf Ebenen des Pirschens. Sie sollten in der richtigen Reihenfolge durchlaufen werden und in der vorgeschriebenen Zeit. Jede Ebene sollte abgeschlossen sein, bevor Sie mit der nächsten beginnen. Die ersten drei Ebenen werden als die Phasen des Jaguar-Kriegers bezeichnet. Die vierte und fünfte Ebene sind die Phasen des Adler-Kriegers.

Nachfolgend lesen Sie Beschreibungen der fünf Stufen des Pirschens. Jede Beschreibung enthält alle Informationen, die Sie brauchen, um auf dieser Stufe tätig zu werden. Aus diesem Grund werden einige der Informationen wiederholt, damit jeder Abschnitt ein praktischer, funktionierender Führer ist. Jedoch ändert sich ein Großteil der Information von Stufe zu Stufe, daher sollten Sie jede Beschreibung sorgfältig lesen, bevor Sie mit der Arbeit auf dieser Stufe beginnen.

Erste Stufe des Pirschens: Stern-Formation
Was Sie dazu benötigen:
Quarz-Kristall, der in Ihre Handfläche paßt
Ein Kissen für Ihren Kopf
Teppich oder Decke, um darauf zu liegen
Journal oder Kassettenrecorder

1. Herz-Meditation. Die Herz-Meditation öffnet Ihr Herz in Vorbereitung auf das Pirschen.

Legen Sie sich rücklings auf den Boden in Ihrer

Wohnung oder draußen auf die Erde. Lassen Sie Ihre Hände mit der Handfläche nach unten auf dem Boden ruhen. Um es sich bequemer zu machen, können Sie ein Kissen für Ihren Kopf benutzen und sich auf einen Teppich oder eine Decke legen. Schließen Sie Ihre Augen. Nehmen Sie ein paar tiefe Atemzüge, und fokussieren Sie sich darauf, sich zu entspannen. Fühlen Sie Ihren Körper, wie er auf dem Boden liegt und wie Sie sich völlig Mutter Erde hingeben. Lassen Sie jegliche physische Spannung los, die Sie spüren, und alle Gedanken in Ihrem Kopf. Fokussieren Sie sich auf den Rhythmus Ihres Atems.

Nach einigen Augenblicken visualisieren Sie eine kleine Version Ihrer selbst in diesem Moment in Ihrem Leben. Sehen Sie diese kleine Version Ihres Ichs, wie Sie in Ihren Mund eintritt und dann durch Ihren Mund wandert und hinunter in Ihre Kehle in Richtung Ihres Herzens. Während Sie Ihrem Herzen immer näher kommen, stellen Sie sich eine Tür vor. Da Sie diese Tür kreieren, kann sie so aussehen, wie Sie wollen. Sie kann aus wunderbarstem Gold gemacht sein oder kunstvoll aus Holz geschnitzt oder auch ganz einfach sein. Was immer Ihnen am liebsten ist. Dann öffnen Sie die Tür und betreten Ihr Herz. Schauen Sie sich mit ehrlichen Augen in Ihrem Herzen um. Was sehen Sie? Wer sind die Menschen, die Sie lieben und in Ihrem Herzen tragen? Der Augenblick ist gekommen, sie zu befreien und gehenzulassen. Die Menschen, die Sie lieben, gehören Ihnen nicht; Liebe hat nichts mit Besitz oder Kontrolle zu tun. Dieser Augenblick hat etwas mit dem Loslassen der Images zu tun, die Sie aus Liebe von diesen Personen kreiert haben. Lassen Sie ihre Seelen fliegen. Um dies tun zu können, danken Sie ihnen zunächst dafür, in Ihrem Herzen zu sein. Dann, während Sie ausatmen, lassen Sie einen nach dem anderen los. Atmen Sie weiter aus, und lassen Sie jeden einzelnen gehen, bis Sie das Gefühl haben, daß alle befreit sind. Wenn Sie fertig sind, visualisieren Sie einen wunderschönen Strahl von Sonnenlicht in Ihrem Herzen. Dieser Lichtstrahl ist reine Liebe, und er wird Sie nähren und immer bei Ihnen sein. Genießen Sie dieses Gefühl und öffnen Sie Ihre Augen, wenn Sie soweit sind.

Die Intention dieser Meditation besteht darin, Ihr Herz zu reinigen, den reinsten Tempel, den es gibt, und ihn mit purer Liebe zu füllen. Die kleine Version von Ihnen, die das erste Mal, wenn Sie diese Meditation durchführen, Ihr Herz betritt, wird von nun an darin leben. Aus diesem Grund werden Sie sich selbst jedes Mal, wenn Sie diese Meditation vorgenommen haben, mehr und mehr bedingungslos lieben. Außerdem werden Sie lernen, sich selbst zu respektieren, so wie Sie die erhabenste Königin, den erhabensten König oder Guru oder irgendein Image von Reinheit respektieren würden. Dieses Image von Reinheit ist niemand anderes als Sie selbst.

2. *Pirschen.* Bleiben Sie nach der Herz-Meditation weiterhin auf dem Boden liegen, mit Ihren Handflächen nach unten zu Mutter Erde, was der Boden in Ihrem Zimmer oder der Erdboden draußen sein kann.

Sie können weiterhin Ihr Kopfkissen benutzen und eine Decke, um darauf zu liegen. Falls Sie mit einer Gruppe arbeiten, sorgen Sie dafür, daß die Mitglieder sich wie ein Stern auf dem Boden formieren. Die Köpfe der Beteiligten sollten sich im Zentrum befinden, das die Helligkeit des Sterns repräsen-

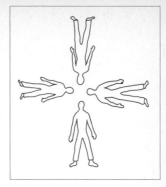

Abb. 1: Pirschen

tiert; Sie sollten nahe beieinanderliegen, sich jedoch nicht berühren. Ihre Körper sollten sich wie die Strahlen der Sonne vom Zentrum ausbreiten, wobei die Beine leicht gespreizt sind (Abbildung 1). Wenn Sie alleine praktizieren, spielt die Lage Ihres Körpers keine Rolle, doch sollten Ihre Beine auch hier leicht gespreizt sein.

Achten Sie auf zwei Bereiche Ihres Körpers. Der erste ist der Bereich Ihres Willens, der sich ungefähr zweieinhalb bis dreieinhalb Zentimeter unterhalb Ihres Bauchnabels befindet. Fokussieren Sie Ihre Aufmerksamkeit und legen Sie Ihren Quarz-Kristall auf diesen Bereich Ihres Willens. Sie holen Ihre Kraft zurück und manifestieren sie durch Ihren Willen. Der zweite Bereich, auf den Sie achten müssen, ist Stilles Wissen. Er befindet sich auf der Spitze Ihres Kopfes, Ihrem Kronenchakra. Stilles Wissen ist Ihr Wissen über alles, was im Traum des Planeten und im Leben überhaupt existiert. Stilles Wissen ist in Ihrem Inne-

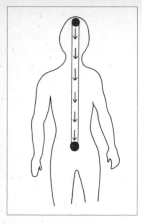
Abb. 2: Das Stille Wissen

ren. Um die Tür zum Stillen Wissen öffnen zu können, müssen Sie die Tür zu den Erinnerungen Ihres Lebens öffnen, einschließlich Ihrer Wunden.

Nehmen Sie ein paar tiefe Atemzüge, und geben Sie sich ganz Mutter Erde hin, während Sie Ihr Bewußtsein auf den Sitz Ihres Willens fokussieren. Visualisieren Sie die Energie des Stillen Wissens, wie sie von der Spitze Ihres Kopfes hinunterfließt in Ihre Kehle, Ihre Lungen passiert und sich mit Ihrem Willen verbindet. Indem sich das Stille Wissen mit Ihrem Willen verbindet, werden sie eins (Abbildung 2). Visualisieren Sie, wie diese beiden Kräfte sich durch einen wunderschönen hellen Lichtstrahl aus dem Bereich Ihres Willens der Sonne entgegenstrecken

Auf dieser ersten Stufe des Pirschens fokussieren Sie sich auf das, was im Laufe des Tages passiert ist. Wenn Sie am Abend pirschen, rufen Sie sich alles ins Gedächtnis zurück, was bis zu dem Augenblick geschehen ist, wo Sie mit dem Pirschen begonnen haben. Wenn Sie am Morgen pirschen, fokussieren Sie sich auf alles, was am vorangegangenen Tag passiert ist. Beginnen Sie mit dem Augenblick, als Sie am Morgen aufwachten. Was waren Ihre ersten Gedanken? Was waren die ersten Worte, die aus Ihrem Mund kamen?

Was waren Ihre Gedanken bezüglich anderer Menschen, Ihrer Arbeitsstelle und der äußeren Umgebung, in der Sie sich befanden? Indem Sie sich den ganzen Tag noch einmal in Erinnerung rufen und jedes Image visualisieren, benutzen Sie die Technik des Heranpirschens. Holen Sie mit Ihrem Einatmen die Gedanken, Vereinbarungen und Energie zurück, die Sie anderen Menschen gegeben haben, und filtern Sie sie durch Ihren Körper in Mutter Erde. Mit Ihrem Ausatmen benutzen Sie Ihre Liebe, um alles zurückzugeben, das Ihnen gegeben wurde, wie beispielsweise Vereinbarungen und böse Worte.

3. Reflexion. Wenn Sie mit dem Pirschen fertig sind, setzen Sie sich auf. Denken Sie über Ihre Erfahrungen nach. Wenn Sie alleine praktizieren, schreiben Sie sie in ein Heft oder halten Sie sie auf Tonband fest. Notieren Sie das Datum und an was Sie sich an diesem Tag herangepirscht haben. Beschreiben Sie, was für Sie hochgekommen ist, wie Sie es gereinigt haben und was Sie jetzt fühlen. Wenn Sie mit einer Gruppe arbeiten, teilen Sie Ihre Erfahrungen mit den anderen Mitgliedern. Die Rolle der anderen Gruppenmitglieder besteht darin, einfach nur zuzuhören und weder Ratschläge, Urteile oder irgendeine andere Form von »Hilfe« anzubieten. Sie sind da, um Sie zu unterstützen, indem sie Ihren Erfahrungen zuhören, das ist alles. Hier handelt es sich nicht um eine Therapie-Sitzung. Nachdem Sie der Gruppe gesagt haben, was Ihnen widerfahren ist, schreiben Sie alles in ein Journal oder nehmen es auf Kassette auf. Journale sind wichtige Hilfsmittel zur Heilung und zur Dokumentation Ihrer inneren Reise.

4. *Abschließende Meditation zur Heilung.* Nachdem Sie die Reflexion abgeschlossen haben, legen Sie sich wieder hin und schließen Ihre Augen. Nehmen Sie ein paar tiefe Atemzüge und entspannen Sie sich. Visualisieren Sie einen mächtigen Lichtstrahl, der von der Sonne kommend Ihr Herz erfüllt. Beobachten Sie, wie dieser Lichtstrahl alle verwundeten Bereiche berührt, die Sie während des Pirschens gereinigt haben. Indem die noch verbliebene Energie der Wunden losgelassen wird, werden sich diese Bereiche mit dem herrlichen, heilenden Strahl des Lichtes von der Sonne ausbreiten. Fühlen Sie das Licht, wie es Ihr Herz erwärmt und durch Ihren ganzen Körper fließt. Fühlen Sie den Rhythmus Ihres Atems. Jetzt visualisieren Sie die kleine Version Ihres Ichs, die sich während der Eröffnungsmeditation in Ihr Herz begeben hat. Dann fokussieren Sie sich auf die verschiedenen Images Ihrer selbst, an die Sie sich heute herangepirscht haben. Visualisieren Sie, wie jedes Image eines nach dem anderen in Ihren Körper eingeht, zuerst durch den Mund, dann Ihre Kehle hinab und schließlich durch die Tür in Ihr Herz hineingelangt. Sehen Sie die kleine Ausgabe Ihres Ichs in Ihrem Herzen, wie es jedes Image umarmt, das hereinkommt und es in Ihrem Tempel willkommen heißt. Nachdem das letzte Image Ihr Herz betreten hat, beobachten Sie, wie sie alle zu einem Wesen verschmelzen, nämlich zu der Person, die Sie jetzt sind. Mit jedem Atemzug visualisieren Sie Freundlichkeit, Sanftmut, Geduld und Selbst-Vergebung. Atmen Sie weiter tief ein und aus. Nun visualisieren Sie Ihren Atem, wie er zu den Menschen geht, auf die Sie sich in Ihrer Pirsch-Session fokussiert haben. Ihr Atem ist reine Liebe. Dann senden Sie diese Liebe Ihrer Familie, anderen Personen, die Sie lieben, Ihrem Zuhause und der ganzen Welt. Vergessen Sie nie, daß der Lichtstrahl der Sonne in jedem Moment in Ihrem Herzen ist. Sie sind nie von ihm getrennt. Wenn Sie Ihre Liebe mit Ihrem Atem ausgesandt haben, können Sie sich wieder aufsetzen. Die Pirsch-Session ist beendet.

Während der nächsten Wochen fokussieren Sie sich weiterhin in Ihren Pirsch-Sessions auf Ihre Erfahrungen im Laufe des Tages oder seit Ihrer letzten Pirsch-Session. Das wird Ihnen helfen, den Rhythmus des Heranpirschens zu finden, der für Sie richtig ist. Zudem werden Sie anfangen müssen zu sehen, wie sich die von Ihnen eingegangenen Vereinbarungen in Ihrem täglichen Leben auswirken. Nach einigen Wochen erweitern Sie Ihre Pirsch-Sessions, indem Sie Ihre jüngste Beziehung mit hineinbringen. Visualisieren Sie sich selbst in dieser Beziehung. Wie sehen Sie sich? Bringen Sie sich selbst Respekt entgegen? Wie behandeln Sie beide sich gegenseitig? Sind Sie aufrichtig? Schauen Sie sich die Wunden an, die diese Beziehung hervorgerufen hat; erkennen Sie die Muster und finden Sie die Vereinbarungen, die Ihnen gegeben wurden. Sobald Sie das Heranpirschen an diese jüngste Beziehung vollzogen haben, gehen Sie zurück in der Zeit und pirschen Sie sich an jede Beziehung in Ihrem

Leben heran, bis zurück zu Ihren ersten Erfahrungen mit anderen Menschen. Diese Arbeit wird Sie vielleicht drei bis fünf Monate kosten, je nach Ihren persönlichen Erfahrungen, die einerseits mit Ihrem Alter zu tun haben und andererseits damit, wie oft Sie das Pirschen vornehmen.

Zweite Stufe des Pirschens: Energien angleichen
Was Sie dazu benötigen:
Quarz-Kristall, der in Ihre Handfläche paßt
Kissen für Ihren Kopf
Teppich oder Decke zum Drauflegen
Journal oder Kassettenrecorder

1. Herz-Meditation: Die Herz-Meditation öffnet Ihr Herz in Vorbereitung auf das Pirschen.

Legen Sie sich in Ihrer Wohnung mit dem Rücken auf den Boden oder draußen auf die Erde. Legen Sie Ihre Hände mit der Handfläche nach unten auf den Boden. Wenn Sie wollen, können Sie ein Kissen für Ihren Kopf benutzen und sich auf eine Decke oder einen Teppich legen. Schließen Sie Ihre Augen. Nehmen Sie ein paar tiefe Atemzüge, und fokussieren Sie sich darauf, sich völlig zu entspannen. Fühlen Sie Ihren Körper, wie er auf dem Boden liegt, und geben Sie sich total Mutter Erde hin. Lassen Sie jegliche physische Spannung los und jegliche Gedanken in Ihrem Kopf. Fokussieren Sie sich auf den Rhythmus Ihres Atems.

Nach einigen Minuten visualisieren Sie eine kleine Version Ihrer selbst, so wie Sie sich zu diesem Zeitpunkt in Ihrem Leben sehen. Beobachten Sie, wie dieses kleine Ich in Ihren Mund eintritt und dann durch Ihren Mund, Ihre Kehle hinunter und zu Ihrem Herzen geht. Während Sie sich Ihrem Herzen nähern, stellen Sie sich eine Tür vor. Da Sie diese Tür selbst kreieren, kann sie so aussehen, wie Sie möchten. Sie kann aus dem herrlichsten Gold bestehen oder kunstvoll aus Holz geschnitzt oder auch ganz einfach sein. Was immer Ihnen am besten gefällt. Schauen Sie mit ehrlichen Augen in Ihr Herz. Was sehen Sie? Wer sind die Menschen, die Sie lieben und in Ihrem Herzen tragen? Dies ist der Augenblick, sie loszulassen. Die Personen, die Sie lieben, gehören Ihnen nicht; Liebe hat nichts mit Kontrolle oder Besitz zu tun. Zu diesem Zeitpunkt geht es darum, die Images loszulassen, die Sie von den Personen kreiert haben, die Sie lieben. Lassen Sie ihre Seelen fliegen. Um dies zu tun, danken Sie ihnen zunächst dafür, in Ihrem Herzen gewesen zu sein. Dann, während Sie ausatmen, lassen Sie einen nach dem anderen gehen. Atmen Sie weiter aus, und lassen Sie alle los, bis Sie das Gefühl haben, daß es genug ist. Wenn Sie fertig sind, visualisieren Sie einen wunderschönen Lichtstrahl, der von der Sonne in Ihr Herz fließt. Dieser Lichtstrahl ist pure Liebe, und er wird Sie nähren und immer bei Ihnen sein. Nach ein paar Minuten öffnen Sie Ihre Augen.

Die Intention dieser Meditation besteht darin, Ihr Herz zu reinigen, den reinsten Tempel, den es je gegeben hat, und ihn mit purer Liebe zu füllen. Die kleine Version Ihres Ichs lebt von nun an in Ihrem Herzen. Aus diesem Grund werden Sie sich jedes Mal, wenn

Sie diese Meditation durchführen, noch bedingungsloser lieben. Außerdem werden Sie sich genauso respektieren, wie Sie die erhabenste Königin, den ehrfurchtgebietenden König oder Guru oder irgendein anderes Image der Reinheit lieben und achten würden. Dieses Image der Reinheit ist niemand anderes als Sie selbst.

2. Pirschen. Wie auf der ersten Stufe des Pirschens, bleiben Sie auch jetzt auf dem Boden Ihres Zimmers oder draußen auf der Erde liegen, mit Ihren Handflächen nach unten. Sie können weiterhin ein Kissen für Ihren Kopf benutzen und sich auf einen Teppich oder eine Decke legen. Falls Sie mit einer Gruppe arbeiten, bitten Sie die Mitglieder, sich in zwei Reihen hinzulegen. Die Personen in der ersten Reihe sollten nebeneinander liegen, mit den Schultern nahe beieinander, jedoch ohne sich zu berühren. Die Personen in der zweiten Reihe sollten sich auf die gleiche Weise hinlegen, wobei jedoch ihre Körper in die entgegengesetzte Richtung zeigen und ihre Köpfe ungefähr drei Zentimeter von denen der ersten Reihe entfernt sind. Der Kopf jeder Person sollte sich mit dem einer anderen Person in einer Linie befinden, damit die Mitglieder der

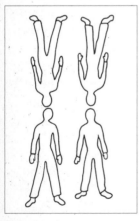

Abb. 3

Gruppe in Paaren arbeiten können. Daher ist es am besten, wenn Sie eine gleiche Anzahl von Personen haben (Abbildung 3). Alleine zu praktizieren ist auch in Ordnung, wobei die Lage Ihres Körpers keine Rolle spielt. Die Beine der einzelnen Mitglieder sollten leicht gespreizt sein.

Wie in der ersten Stufe des Pirschens, so legen Sie auch hier Ihren Quarz-Kristall auf den Bereich Ihres Körpers, wo Ihr Wille sitzt. Dann visualisieren Sie die Energie des Stillen Wissens, wie sie von Ihrem Kronenchakra nach unten fließt und sich mit dem Willen verbindet. Die beiden Energien werden eins, und aus dem Bereich Ihres Willens leuchtet ein brillanter Lichtstrahl der Sonne entgegen.

Auf dieser zweiten Stufe pirschen Sie sich an die Vereinbarungen heran, die Ihnen von Ihrer Mutter und Ihrem Vater gegeben wurden. Falls Ihre Eltern noch leben, fokussieren Sie sich auf Ihre jüngsten Interaktionen mit ihnen. Beginnen Sie mit ihren jüngsten Erinnerungen, und gehen Sie so weit in der Zeit zurück, wie Sie sich erinnern können. Schauen Sie sich die Situationen an. Erkennen Sie die Dinge, die Sie wütend gemacht und dazu veranlaßt haben, zu reagieren. Stellen Sie sich vor, wie Sie damals kommuniziert haben. Holen Sie sich mit dem Einatmen die Energie zurück, die Sie Ihren Eltern gegeben haben. Dann, mit dem Ausatmen, senden Sie Ihrer Mutter und Ihrem Vater Liebe, und schicken Sie ihnen alles zurück, was Ihnen gegeben wurde. Wenden Sie sich jeweils einer Szene oder einem Image zu, und fokussieren Sie sich darauf, bis Sie das Gefühl haben, damit fertig zu sein. Gehen Sie so weit in der Zeit zurück, wie es Ihre Erinnerung zuläßt.

3. Reflexion. Wenn Sie mit dem Heranpirschen fertig sind, setzen Sie sich auf. Denken Sie über Ihre Erfahrungen nach. Schreiben Sie auf, was Sie gesehen haben, oder halten Sie es auf dem Kassettenrecorder fest, indem Sie ehrlich Ihre Wahrheit zum Ausdruck bringen. Dies ist für die Mitglieder der Gruppe eine Gelegenheit, ihre Fähigkeit des Zuhörens zu verfeinern. Nachdem Sie Ihre Erfahrungen mit der Gruppe geteilt haben, halten Sie schriftlich oder auf Tonband für sich selbst fest, was Sie gesehen haben.

4. Abschließende Meditation zur Heilung. Nach der Reflexionsphase legen Sie sich wieder hin und schließen Ihre Augen. Atmen Sie ein paarmal tief durch, und entspannen Sie sich. Visualisieren Sie einen mächtigen Lichtstrahl, der sich von der Sonne kommend in Ihrem Herzen ausbreitet. Beobachten Sie, wie dieser Lichtstrahl alle verwundeten Bereiche berührt, die Sie während des Pirschens gereinigt haben. Indem Sie die noch verbliebene Energie der Wunden loslassen, werden sich diese Bereiche mit Hilfe der herrlichen, heilenden Lichtstrahlen der Sonne ausbreiten. Fühlen Sie, wie das Licht Ihr Herz erwärmt und durch Ihren ganzen Körper strömt. Fühlen Sie den Rhythmus Ihres Atems. Und jetzt visualisieren Sie die kleine Version Ihrer selbst, die Ihr Herz während der Eröffnungsmeditation betreten hat. Dann fokussieren Sie sich auf die verschiedenen Images, an die Sie sich heute herangepirscht haben. Visualisieren Sie jedes Image, wie es in Ihren Körper eintritt, durch Ihren Mund wandert, dann weiter Ihre Kehle hinunter und schließlich durch die Tür in Ihr Herz gelangt. Sehen Sie, wie die kleine Version Ihres Ichs in Ihrem Herzen jedes Image umarmt, wenn es hereinkommt, und es in Ihrem Tempel willkommen heißt. Nachdem das letzte Image Ihr Herz erreicht hat, beobachten Sie, wie sie alle zu einem einzigen Wesen verschmelzen, zu der Person, die Sie in diesem Augenblick sind. Visualisieren Sie mit jedem Atemzug Sanftmut, Freundlichkeit, Geduld und Selbstvergebung. Atmen Sie weiterhin tief ein und aus. Nun visualisieren Sie, wie Ihr Atem hinaus zu Ihren Eltern geht. Ihr Atem ist pure Liebe. Dann senden Sie diese Liebe Ihrer ganzen Familie, anderen Personen, die Sie lieben, Ihrem Zuhause und der ganzen Welt. Seien Sie sich stets bewußt, daß der Lichtstrahl von der Sonne in jedem Moment Ihres Lebens immer in Ihrem Inneren ist. Sie sind nie von ihm getrennt. Wenn Sie fertig sind und Ihre Liebe mit jedem Atemzug ausgesandt haben, können Sie sich aufsetzen. Die Pirsch-Session ist beendet.

Fokussieren Sie sich während der nächsten Monate in Ihren Pirsch-Sessions weiterhin auf Ihre Beziehung mit Ihren Eltern. Beginnen Sie mit Ihrem gegenwärtigen Alter, und gehen Sie dann zurück in der Zeit. Pirschen Sie jeweils für eine Woche an die Erfahrungen mit Ihren Eltern in einem bestimmten Alter heran. Gehen Sie in Ihrer Erinnerung so weit zurück, wie es Ihnen möglich ist, bis ins Krabbel- oder Säuglingsalter. Wie lange es dauert, diese zweite Stufe des Pirschens zu vollenden, ist von Ihrem Alter abhängig und davon, wie oft sie pirschen. Wenn Sie beispielsweise dreißig Jahre alt sind und Ihre Erinnerung bis zum Alter von sechs Jahren zurückreicht, wird es wahrscheinlich sechs Monate dauern, bis Sie diese Stufe abgeschlossen haben. Wenn Sie sich jeden Tag Zeit zum Pirschen nehmen, kann es sein, daß Sie in weniger als einer Woche eine bestimmte Altersstufe behandelt haben. Außerdem werden Sie sich wahrscheinlich an einige Jahre weniger gut erinnern als an andere.

Dritte Stufe des Pirschens: Die Richtungen
Was Sie dazu benötigen:
Ein Kissen für Ihren Kopf und zum Sitzen
Teppich oder Decke, um sich darauf zu legen
Journal oder Kassettenrecorder

1. Herz-Meditation. Die Herz-Meditation öffnet Ihr Herz in Vorbereitung auf das Pirschen.

Legen Sie sich flach auf den Boden. Legen Sie Ihre Hände mit den Handflächen nach unten. Um es sich bequemer zu machen, können Sie ein Kissen für Ihren Kopf benutzen und sich auf eine Decke oder einen Teppich legen. Schließen Sie Ihre Augen. Nehmen Sie ein paar tiefe Atemzüge, und fokussieren Sie sich darauf, sich zu entspannen. Fühlen Sie Ihren Körper, wie er auf dem Boden liegt und sich völlig Mutter Erde hingibt. Lassen Sie jegliche physische Spannung und alle Gedanken in Ihrem Kopf los. Fokussieren Sie sich auf den Rhythmus Ihres Atems.

Nach ein paar Minuten visualisieren Sie eine kleine Version Ihrer selbst, so wie Sie sich in diesem Augenblick Ihres Lebens empfinden. Beobachten Sie, wie diese kleine Version in Ihren Mund eintritt, ihn durchwandert, dann die Kehle hinuntergeht in Richtung Ihres Herzens. Während Sie sich Ihrem Herzen nähern, visualisieren Sie eine Tür. Da Sie diese Tür selbst kreieren, kann sie so aussehen, wie Sie es gerne hätten. Sie kann aus dem herrlichsten Gold gegossen oder kunstvoll aus Holz geschnitzt oder auch ganz einfach sein. Was immer Ihnen am meisten zusagt. Schauen Sie mit ehrlichen Augen in Ihr Herz. Was sehen Sie? Wer sind die Menschen, die Sie lieben und in Ihrem Herzen tragen? Der Augenblick ist gekommen, sie loszulassen. Die Menschen, die Sie lieben, gehören ihnen nicht; Liebe hat nichts mit Besitz oder Kontrolle zu tun. Jetzt geht es darum, die Images, die Sie aus Liebe von diesen Personen kreiert haben, loszulassen. Lassen Sie ihre Seelen fliegen. Um dies tun zu können, danken Sie ihnen zunächst dafür, in Ihrem Herzen zu sein. Und mit jedem Ausatmen lassen Sie dann einen nach dem anderen los. Atmen Sie weiter, bis Sie das Gefühl haben, der Vorgang sei abgeschlossen. Wenn Sie fertig sind, visualisieren Sie einen wunderschönen Lichtstrahl, der direkt von der Sonne in Ihr Herz fließt. Dieser Lichtstrahl ist reine Liebe, und er wird Sie nähren und immer ein Teil von Ihnen sein. Nach einigen Minuten öffnen Sie Ihre Augen.

Die Intention dieser Meditation besteht darin, Ihr Herz zu reinigen, den reinsten Tempel, den es je gegeben hat, und ihn mit purer Liebe zu füllen. Die kleine

Version Ihres Ichs lebt von nun an in Ihrem Herzen. Aus diesem Grund werden sie sich jedes Mal, wenn Sie diese Meditation durchführen, bedingungsloser lieben. Außerdem werden sie sich selbst den Respekt entgegenbringen, den Sie für die erhabenste Königin, den ehrwürdigsten König oder Guru oder irgendein anderes Image der Reinheit empfinden. Dieses Image der Reinheit ist niemand anderes als Sie selbst.

2. Pirschen. Wenn Sie mit der Herz-Meditation fertig sind, setzen Sie sich hin. Führen Sie diese dritte Stufe des Pirschens in einer sitzenden Position durch. Beugen Sie Ihre Knie, halten Sie Ihre Beine leicht gespreizt, und stellen Sie Ihre Füße flach auf den Boden. Legen Sie Ihre Arme auf Ihre Knie. Sie können diese Übung entweder drinnen oder draußen machen.

 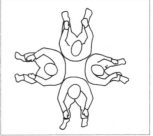

Abb. 4 und 5

Wenn Sie mit anderen Personen pirschen, sollten Sie in einer Vierergruppe arbeiten. Nehmen Sie in einem Kreis Platz, mit dem Gesicht nach außen, wobei sich Ihre Schultern berühren. Jeder von Ihnen schaut in eine andere Richtung: Norden, Süden, Osten oder Westen (Abbildung 4, Seitenansicht; Abbildung 5, Blick von oben).

Visualisieren Sie die Energie des Stillen Wissens, wie sie durch Ihren Körper fließt und sich mit Ihrem Willen verbindet. Auf dieser dritten Stufe des Pirschens dehnen sich jedoch das Stille Wissen und Ihr Wille von Ihrem Körper in zwei verschiedene Richtungen aus. Beobachten Sie das Stille Wissen, wie es in einem herrlichen Lichtstrahl bis zur Sonne reicht. Beobachten Sie Ihren Willen, wie er sich in einem herrlichen Lichtstrahl in die Richtung ausdehnt, in die Sie schauen. Beide Strahlen sind jedoch noch immer eins. Diese Visualisierung führt zu machtvollen Verbindungen zwischen der Richtung, in die Sie schauen, der Sonne und Ihrem ganzen Wesen.

Auf dieser dritten Stufe pirschen Sie sich an Ihre Vereinbarungen mit Ihren Verwandten und Freunden heran. Falls Sie Brüder, Schwestern, Stiefbrüder oder Stiefschwestern haben, ist jetzt die Zeit gekommen, Ihre Beziehungen mit ihnen zu pirschen. Nehmen Sie einige tiefe Atemzüge. Beim Einatmen holen Sie sich die Energie zurück, die Sie an diese Verwandten weitergegeben haben. Senden Sie die Energie an Mutter Erde. Da Sie sitzen anstatt zu liegen, fließt die Energie an Ihrer Wirbelsäule hinunter in die Erde. Beim Ausatmen geben Sie die Energie an die Personen zurück, die Ihnen in der Vergangenheit irgendwelche Vereinbarungen gegeben haben.

3. Reflexion. Wenn Sie mit dem Pirschen fertig sind,

denken Sie über Ihre Erlebnisse nach. Schreiben Sie in ehrlichen Worten auf, was Sie gesehen haben, oder halten Sie es auf Kassette fest. Falls Sie mit einer Gruppe arbeiten, berichten Sie den anderen Ihre Erfahrungen und sprechen dabei Ihre Wahrheit. Danach halten Sie das Erlebte für sich selbst schriftlich oder auf Kassette fest.

4. Abschließende Meditation zur Heilung. Nach der Reflexionsphase legen Sie sich hin und schließen Ihre Augen. Atmen Sie einige Mal tief ein und aus. Visualisieren Sie einen immensen Lichtstrahl, der sich von der Sonne in Ihr Herz ergießt. Beobachten Sie, wie dieser Lichtstrahl alle verwundeten Bereiche in Ihrem Inneren berührt, die Sie während des Pirschens gereinigt haben. Während die noch verbliebene Energie aus diesen Wunden freigesetzt wird, werden sich diese Bereiche mit dem herrlichen, heilenden Lichtstrahl der Sonne ausdehnen. Fühlen Sie, wie das Licht Ihr Herz erwärmt und durch Ihren ganzen Körper fließt. Spüren sie den Rhythmus Ihres Atems. Nun visualisieren Sie die kleine Version Ihres Ichs, die während der Eröffnungs-Meditation Ihr Herz betreten hat. Dann fokussieren Sie sich auf die verschiedenen Images Ihres Selbst, an die Sie sich heute herangepirscht haben. Visualisieren Sie jedes Image, wie es Ihren Körper betritt, durch Ihren Mund geht, Ihre Kehle hinabwandert und schließlich durch die Tür in Ihr Herz gelangt. Sehen Sie, wie die kleine Version Ihres Ichs in Ihrem Herzen jedes Image umarmt, sobald es hereinkommt, und es in Ihrem Tempel willkommen heißt. Nachdem das letzte Image Ihr Herz betreten hat, beobachten Sie, wie alle zu einem einzigen Wesen verschmelzen, das die Person ist, die Sie in diesem Augenblick sind. Mit jedem Atemzug visualisieren Sie Freundlichkeit, Sanftmut, Geduld und Selbstvergebung. Atmen Sie weiterhin tief ein und aus. Als nächstes stellen Sie sich vor, wie Ihr Atem zu den Verwandten geht, auf die Sie sich in Ihrer Pirsch-Session fokussiert haben. Ihr Atem ist reine Liebe. Dann senden Sie diese Liebe an Ihre ganze Familie, an andere Personen, die Sie lieben, an Ihr Zuhause und in die ganze Welt. Seien Sie sich stets bewußt, daß Ihr Inneres in jedem Augenblick von diesem Lichtstrahl der Sonne erfüllt ist. Wenn Sie fertig sind mit dem Aussenden Ihrer Liebe durch Ihren Atem, können Sie sich aufsetzen. Die Pirsch-Session ist beendet.

Um diese dritte Stufe des Pirschens zu vollenden, brauchen Sie ungefähr sechs Monate. Während dieser Zeit sollten Sie sich auch an Ihre Interaktionen mit anderen Verwandten heranpirschen – Ihre Onkel, Tanten, Kusinen und so weiter – und an die Beziehungen mit Ihren Freunden. Fangen Sie mit den Interaktionen der jüngsten Vergangenheit an, und gehen Sie allmählich in der Zeit zurück. Setzen Sie sich dabei eineinhalb Monate lang in die Richtung, mit der Sie begonnen haben. Danach wenden Sie sich für eineinhalb Monate einer anderen Richtung zu. Nehmen Sie alle anderthalb Monate eine andere Position ein, bis Sie alle vier Richtungen durchhaben.

Vierte Stufe des Pirschens: Images zerschmettern
Was Sie dazu benötigen:
Journal oder Kassettenrecorder
Kissen für Ihren Kopf
Teppich oder Decke zum Drauflegen

1. Herz-Meditation. Die Herz-Meditation öffnet Ihr Herz in Vorbereitung auf das Pirschen.

Legen Sie sich in Ihrem Zimmer oder draußen flach auf den Rücken, mit den Handflächen nach unten. Zum Zwecke der Bequemlichkeit können Sie ein Kissen für Ihren Kopf benutzen und sich auf eine Decke oder einen Teppich legen. Schließen Sie Ihre Augen. Nehmen Sie einige tiefe Atemzüge, und fokussieren Sie sich darauf, sich zu entspannen. Fühlen Sie Ihren Körper, wie er auf dem Boden liegt, und geben Sie sich völlig Mutter Erde hin. Lassen Sie jegliche Spannung in Ihrem Körper und alle Gedanken in Ihrem Kopf los. Fokussieren Sie sich auf den Rhythmus Ihres Atems.

Nach ein paar Minuten visualisieren Sie eine kleine Version Ihres Ichs zu diesem Zeitpunkt Ihres Lebens. Sehen Sie, wie diese kleine Version Ihren Mund betritt und dann hinunter in Ihre Kehle wandert und von dort aus in Richtung Ihres Herzens. Während Sie sich Ihrem Herzen nähern, stellen Sie sich eine Tür vor. Da diese Türe Ihre eigene Kreation ist, kann sie so aussehen, wie Sie es gerne hätten. Sie kann aus herrlichem Gold gegossen oder kunstvoll aus Holz geschnitzt oder auch ganz einfach gestaltet sein. Was immer Ihnen am besten gefällt. Dann öffnen Sie die

Tür und betreten Ihr Herz. Betrachten Sie Ihr Herz mit ehrlichen Augen. Was sehen Sie? Wer sind die Menschen, die Sie lieben und in Ihrem Herzen tragen? Der Zeitpunkt ist gekommen, sie gehenzulassen. Die von Ihnen geliebten Personen gehören Ihnen nicht; Liebe hat nichts mit Besitz oder Kontrolle zu tun. Jetzt geht es darum, die Images loszulassen, die Sie aus Liebe zu diesen Personen kreiert haben. Lassen Sie ihre Seelen fliegen. Um dies zu tun, danken Sie ihnen zunächst dafür, in Ihrem Herzen zu sein. Dann, indem Sie ausatmen, lassen Sie einen nach dem anderen los. Atmen sie weiterhin aus, bis Sie jeden Menschen freigelassen haben, den Sie in Ihrem Herzen tragen. Wenn Sie damit fertig sind, visualisieren Sie einen wunderschönen Lichtstrahl, der von der Sonne kommend direkt in Ihr Herz fließt. Dieser Lichtstrahl ist reine Liebe, und er wird Sie nähren und von nun an immer in Ihrem Inneren sein. Nach einigen Momenten öffnen Sie Ihre Augen.

Die Intention dieser Meditation besteht darin, Ihr Herz zu reinigen, den reinsten Tempel, den es je gegeben hat, und es mit purer Liebe zu füllen. Die kleine Version Ihres Ichs lebt von nun an immer in Ihrem Herzen. Aus diesem Grund werden Sie sich jedes Mal, wenn Sie diese Meditation durchführen, bedingungsloser lieben. Zudem werden Sie sich selbst so viel Respekt entgegenbringen, wie Sie ihn gegenüber der erhabensten Königin, dem ehrwürdigsten König oder Guru oder irgendeinem anderen Image von Reinheit empfinden würden. Dieses Image von Reinheit ist niemand anderes als Sie selbst.

2. Pirschen. Das Pirschen auf dieser vierten Stufe unterscheidet sich sehr von den vorangegangenen Stufen, da es mit der Zerschmetterung von Images zu tun hat. Auf dieser Stufe brechen Sie alle besonders tiefgreifenden Vereinbarungen, wie zum Beispiel solche, die mit Erinnerungen an Mißbrauch zu tun haben. Sie lassen sie los. Das Pirschen wird hier in einer stehenden Position durchgeführt. Sie beginnen mit ungefähr fünf Minuten der Jaguar-Bewegung und gehen dann über zur Zerschmetterung von Images.

Die Jaguar-Bewegung. Der Jaguar ist ein Tier, das immer wach und aktionsbereit ist. Beginnen Sie die Jaguar-Bewegung, indem Sie sich so hinstellen, daß Ihre Knie etwas eingeknickt und Ihr Gewicht ein wenig nach vorne verlagert ist, so als wollten Sie losrennen. Lassen Sie Ihre Arme lose an Ihrer Seite hängen. Dann winkeln Sie Ihre Arme an den Ellenbogen ab; Ihr rechter Unterarm befindet sich jetzt vor Ihrem Körper. Bringen Sie diesen Arm in Höhe Ihres Kopfes, mit der Handfläche nach unten, die Finger leicht gebogen oder entspannt. Ihr linker Unterarm, ebenso am Ellenbogen abgewinkelt, befindet sich seitlich Ihres Körpers auf Hüfthöhe. Drehen Sie die linke Hand mit der Handfläche nach oben, die Finger leicht gebogen oder entspannt. Atmen Sie tief ein und verlagern Sie dann Ihr Gewicht von einem Bein auf das andere, indem Sie Ihre Arme sehr langsam von oben nach unten bewegen; dabei wiegen Sie sich vor und zurück (Abbildung 6).

Bewegen Sie Ihre Arme auf und ab im Rhythmus mit Ihren Beinen. Bringen Sie Ihren rechten, erhöhten Arm nach unten und Ihren linken Arm nach oben. Wenn Ihr rechter Arm in Hüfthöhe ist, drehen Sie Ihre Hand so, daß die Handfläche nach außen zeigt. Sobald Ihr linker Arm in Kopfhöhe ist, drehen Sie Ihre linke Hand so, daß auch hier die Handfläche nach außen zeigt. Indem Sie Ihre Beine vor- und zurückwiegen, schwingen Sie Ihre Arme rauf und runter, wobei sich Ihre Handflächen gleichzeitig am obersten und untersten Punkt der Bewegung drehen. Der ganze Bewegungsablauf ist wie bei einem rennenden Jaguar. Die Intention dieser Bewegung besteht darin, ein Energienetz zwischen Mutter Erde und der Sonne zu weben. Dieses Weben hilft Ihnen, die Vereinbarungen zu brechen, die Sie eingegangen sind (Abbildung 7).

Abb. 6

Führen Sie die Jaguar-Bewegung mindestens fünf Minuten lang durch, und hören Sie dann auf. Bringen Sie sich in eine stabile, ausgeglichene Position, die Arme an den Seiten. Dann heben Sie Ihre Arme, bis sie mitten vor Ihrem Körper sind. Klatschen Sie kräftig in die Hände, und reiben Sie sie dann so

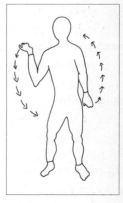

Abb. 7

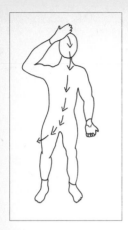

Abb. 8

schnell aneinander, bis Sie das Gefühl haben, sie brennen.

Visualisieren Sie, wie sich das Stille Wissen noch einmal in Ihrem Willenschakra mit Ihrem Willen verbindet. In dieser vierten Stufe des Pirschens beobachten Sie, wie die Energien Ihre Wirbelsäule hinaufschießen und durch Ihr Kronenchakra aus Ihnen heraustreten.

Images zerschmettern. Visualisieren Sie ein Image und die damit zusammenhängenden Vereinbarungen, die Sie dem Betreffenden zurückgeben wollen. Sehen Sie, wie das Image sich von Ihnen löst und ins Universum fliegt. Dann beobachten Sie, wie es wie ein Glas in unzählige Splitter zerbricht. Visualisieren Sie diese Splitter, wie sie sich in Energie verwandeln, die sich von Ihnen entfernt und mit Intention zu der Person zurückgeht, von der Sie die Vereinbarung übernommen haben. Indem Sie visualisieren, wie sich die Energie von Ihnen fortbewegt, atmen Sie kräftig aus. Strecken Sie Ihren rechten Arm aus, und drehen Sie ihn eineinhalbmal gegen den Uhrzeigersinn. Halten Sie die Drehung Ihres Armes über der Mitte Ihres Kopfes an. Dann bringen Sie Ihren Arm hinunter auf die Mitte Ihres Körpers, so als sei er ein Schwert. Fahren Sie mit diesem »Schwert« über Ihre Augen, Ihren Hals, Lungen, Magen und den Bereich des ersten Chakras.

Diese Bewegung zerschneidet Energiestränge, die Sie mit der Vereinbarung verbinden (Abbildung 8, Seite …).

Als nächstes bringen Sie beide Arme mit den Handflächen nach außen nach hinten. Dann stoßen Sie Ihre Arme und Hände kräftig nach vorne, so als würden Sie etwas von Ihrem Körper wegstoßen. Ihre Intention ist es, die Energiestränge zu durchtrennen und wegzustoßen (Abbildung 9).

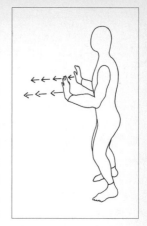

Abb. 9

Fahren Sie mit dem Zerschmettern von Images fort, bis Sie das Gefühl haben, damit fertig zu sein. Dann führen Sie noch einmal die Jaguar-Bewegung aus. Danach klatschen Sie in die Hände und reiben sie so lange aneinander, bis sie vor lauter Energie brennen. Jetzt fahren Sie sanft mit Ihren Händen über Ihren Körper und reinigen jeden Bereich. Reinigen Sie Ihre Augen, damit Sie einen klareren Blick haben. Reinigen Sie Ihre Ohren, damit Sie die Wahrheit hören können. Reinigen Sie Ihre Kehle, damit Sie jederzeit die Wahrheit sprechen und damit Sie weinen, lachen und singen können, wenn Ihnen danach zumute ist. Reinigen Sie Ihren Nacken und die Spitze Ihres Kopfes, um Energie freizusetzen. Berühren Sie Ihren ganzen Körper mit der Intention, ihn zu reinigen. Erlauben Sie sich gleichzeitig, die größte Dankbarkeit für den Dienst zu empfinden, den Ihr Körper ihnen in jedem Augenblick Ihres Lebens leistet. Ihr Körper ist Ihr Diener, also sollten Sie ihn mit der größten Liebe und Respekt behandeln.

3. Abschließende Meditation zur Heilung. Nach dem Pirschen behalten Sie die Jaguar-Position bei. Schließen Sie die Augen und visualisieren Sie ein Wesen, zu dem Sie aufgeschaut haben, wie zum Beispiel einen Heiligen, einen Guru, Jesus oder Allah. Sehen Sie diese Wesenheit in Ihrem Herzen und stellen Sie sich vor, wie Sie eins mit ihm oder ihr werden, wobei die Energie durch jeden Teil Ihres Körpers fließt, der krank ist, mißhandelt wurde oder irgendwelche Vereinbarungen aufrechterhält. Nachdem Sie sich auf jeden Bereich Ihres Körpers fokussiert haben, bleiben Sie eine kurze Zeitlang ruhig und bewegungslos stehen. Dann visualisieren Sie Ihren Atem, wie er zu den Personen geht, auf die Sie sich in Ihrem Pirschen fokussiert haben. Ihr Atem ist pure Liebe. Senden Sie diese Liebe Ihrer Familie, anderen Menschen, die Sie lieben, Ihrem Zuhause und in die ganze Welt hinaus. Seien Sie sich immer bewußt, daß der Lichtstrahl von der Sonne in jedem Augenblick in Ihrem Inneren ist. Wenn Sie Ihre Liebe mit Ihrem Atem ausgesandt haben, ist die Pirsch-Session beendet.

4. Reflexion. Wenn Sie das Pirschen und die abschließende Meditation zur Heilung abgeschlossen haben, denken Sie über das nach, was Sie soeben erfahren haben. Halten Sie Ihre Erfahrungen schriftlich oder mittels Kassettenrecorder fest, wobei Sie sich selbst gegenüber ehrlich bleiben. Falls Sie mit einer Gruppe arbeiten, teilen Sie den anderen Mitgliedern Ihre Erlebnisse mit, indem Sie auch hier Ihre Wahrheit sprechen. Seien Sie ein fokussierter Zuhörer. Im Anschluß daran halten Sie Ihre Erfahrungen schriftlich fest oder nehmen Sie sie auf Kassette auf.

Fokussieren Sie sich drei oder vier Monate lang auf diese vierte Ebene des Pirschens. In diesem Stadium Ihrer Arbeit haben Sie die Ebene des Jaguar-Kriegers gemeistert und arbeiten auf der Ebene des Adler-Kriegers. Der Jaguar wird immer in Ihrem Inneren sein, doch jetzt erheben Sie sich in die Lüfte und werden zum Adler. Der Adler schwebt hoch oben am Himmel, und er besitzt eine erweiterte Wahrnehmung. Er hat den Überblick, er sieht das übergeordnete Bild, und im gleichen Moment kann er seinen Blick fokussieren. Die Arbeit auf dieser Stufe dreht sich darum, Ihre Freiheit zu finden und Ihre Wahrnehmung zu erweitern. Sie sehen, wie Ihr Leben sich verändert. Ihr Bewußtsein und Ihre Fähigkeit, ganz in der Gegenwart zu leben, sind gewachsen; Sie genießen Ihr Leben mehr, treffen die richtigen Entscheidungen und sind ehrlich mit sich selbst.

Während Sie sich weiterentwickeln, achten Sie darauf, wie sich Ihre Wahrnehmung und Ihr Bewußtsein immer mehr in Einklang befinden. Sie sehen das Leben auf eine ganz neue Art, so daß Sie zuweilen den Eindruck haben, als hätten Sie es noch nie gesehen. Mehr und mehr entscheiden Sie, ein Umfeld zu kreieren, in dem Sie sich wohl fühlen. Die Menschen, mit denen Sie sich umgeben, teilen Ihre Sicht der Dinge. Sie achten und unterstützen einander. Sie empfinden eine große Zuneigung und Dankbarkeit gegenüber dem Leben und sehen alles mit den Augen des wunderbaren Kriegers, der Sie sind. Sie lieben und achten sich selbst ohne Einschränkungen.

Fünfte Ebene des Pirschens: Einheit
Was Sie dazu benötigen:
einen stabilen Stuhl

1. Pirschen. Dies ist die letzte Stufe des Pirschens. Sie ist die Ebene der Meisterschaft des Adler-Kriegers. Sie ist die Ebene der Einheit. Auf dieser Stufe entwickeln Sie das Bewußtsein, das alles, was ist, ein Teil von Ihnen ist, da alles Ihren eigenen Sinnen und Emotionen entspringt. Sie müssen während des Pirschens nichts mehr zurückgeben, da alles, was Sie visualisieren, Sie selbst sind.

Auf dieser Stufe des Pirschens gibt es keine Herz-Meditation. Setzen Sie sich auf einen stabilen Stuhl, mit Ihren Füßen flach auf dem Boden, wobei Ihre Hände mit den Handflächen nach unten in Ihrem Schoß ruhen. Ihre Beine sollten leicht gespreizt sein. Schließen Sie Ihre Augen und bleiben Sie ganz still. Atmen Sie normal.

Fokussieren Sie sich auf Ihren Göttlichen Willen, der seinen Sitz in Ihrem dritten Auge hat, in der Mitte Ihrer Stirn. Senden Sie von Ihrem Göttlichen Willen einen leuchtenden Lichtstrahl zur Sonne. Visualisieren Sie sich selbst als die Sonne, wobei sich eine Myriade von Lichtstrahlen von Ihnen aus in alle Richtungen ergießt. Jetzt visualisieren Sie das Image von irgend jemandem oder irgend etwas, auf das Sie noch immer reagieren oder das Sie nach wie vor verurteilen. Erkennen Sie dieses Image als sich selbst. Es ist nicht getrennt von Ihnen. Sie sind es, was immer es ist. Nehmen Sie als Sonne dieses Image in Ihr Inneres, und verwandeln Sie es in Licht. Atmen Sie es wie einen Sonnenstrahl in sich hinein. Senden Sie es nicht nach draußen. Es wird in Ihrem Inneren transformiert. Betrachten Sie das Image als alles, was existiert: die Bäume, die Blumen, das Unkraut. Und da alles ein Teil von Ihnen ist, Sie in allem sind und alles in Ihnen, kann nichts Sie jemals wieder veranlassen zu reagieren.

Die Intention dieser Stufe des Pirschens besteht darin, sich selbst als den Strahl des Lichtes zu sehen, der reine Liebe ist. Reine Liebe ist alles. Sie sind alles. Alles ist Sie.

Wenn Sie das Gefühl haben, fertig zu sein, nehmen Sie sich ein paar Minuten Zeit, um Ihre Liebe mit jedem Ausatmen dem ganzen Traum des Planeten zu schicken. Senden Sie Ihre Liebe vor allem den Menschen, die vergewaltigt oder getötet werden, und an alle, die leiden. Visualisieren Sie diese Personen, indem Sie den Lichtstrahl der Liebe um sie herum spüren und wissen, daß er sie erreicht.

2. Reflexion. Wenn Sie alleine arbeiten, halten Sie Ihre Erfahrungen schriftlich oder mittels eines Kassettenrecorders fest. Falls Sie in einer Gruppe praktizieren, erzählen Sie den anderen zuerst von Ihren Erlebnissen und notieren Sie anschließend.

Es gibt keine festgesetzte Zeit, in der diese fünfte Stufe des Pirschens abgeschlossen sein sollte. Fahren Sie so lange damit fort, wie Sie das Gefühl haben, daß es wichtig für Ihr Wachstum ist, oder bis Sie glauben, daß es keine Trennung mehr gibt zwischen Ihnen und allem, was existiert.

**Zusammenfassung: Was Sie auf allen
Ebenen des Pirschens in Erinnerung halten sollten**

Vergessen Sie nicht, Spaß zu haben, während Sie die einzelnen Stufen des Pirschens durchlaufen, ob Sie nun alleine praktizieren oder in einer Gruppe. Seien Sie immer ehrlich mit sich selbst und anderen, seien Sie untadelig, und geben Sie sich in jedem Moment der Gegenwart hin. Fürchten Sie sich nicht vor Ihren wahren Gefühlen, und seien Sie ehrlich damit. Sie können Ihrer Wut, Ihrer Trauer oder Ihrem Richter nicht davonlaufen. Es kann sein, daß sie sich eine Zeitlang verstecken und derweil ihre Position in Ihrem Inneren weiter ausbauen. Doch dann passiert plötzlich irgend etwas, das diese Emotionen und Verurteilungen mit noch größerer Intensität zum Ausbruch bringt. Wenn Sie die Arbeit des Pirschens verrichten, ist es daher völlig in Ordnung, zu weinen und Emotionen freizulassen. Doch achten Sie darauf, daß Sie sich immer voll in der Gegenwart befinden. Fokussieren Sie sich auf Ihren Atem und lassen Sie los. Achten Sie auf Ihre Gefühle, doch lassen Sie sich nicht von ihnen konsumieren. Fühlen Sie sie und lassen Sie sie los. Lieben Sie die Wut, den Richter und das Opfer. Nehmen Sie die Eifersucht an. Auf diese Weise lieben, umarmen und akzeptieren Sie das verwundete Kind in Ihrem Inneren. Etwas zu akzeptieren bedeutet, es zu heilen. Es ist das Akzeptieren und bedingungslose Annehmen, das Vergebung und Liebe für Ihr eigenes Selbst kreiert.

12

Die Spirale

Die letzte Schlacht

Auf ihrem Weg durch die verschiedenen Ebenen des Pirschens werden Sie vielleicht feststellen, daß Sie eine bestimmte Vereinbarung weiterhin aufrechterhalten. Eine Emotion oder ein Muster, das auf dieser Vereinbarung basiert, taucht immer wieder auf. Sie haben sich diese Vereinbarung viele Male angeschaut, haben sie gereinigt und losgelassen. Und plötzlich ist sie wieder da, und dieses Mal ist das mit der Vereinbarung zusammenhängende Gefühl noch deutlicher, noch überwältigender, so als ob sich die Emotion ausgebreitet hätte. Doch in Wahrheit ist es Ihr eigener Lichtstrahl, nämlich die Energie, die Sie durch Ihr Pirschen angesammelt haben, der sich ausdehnt. Sie haben sich einen Großteil Ihrer Energie zurückgeholt, und dadurch sind Ihr persönlicher Lichtstrahl, Ihre Liebe und Ihr Respekt ungeheuer gewachsen. Daher scheint in den Momenten, wo Sie erneut mit der Emotion einer bestimmten Vereinbarung konfrontiert werden, ein größerer Lichtstrahl auf diese Emotion, was dazu führt, daß sie intensiver erscheint und sich entsprechend anfühlt.

Visualisieren Sie sich selbst, wie Sie sich auf einer Straße befinden, die am Fuße eines Berges beginnt. Während Sie auf der Straße dahingehen, umkreisen Sie auf Ihrem Weg nach oben den Berg und erreichen schließlich den Gipfel. Sobald Sie den Gipfel erreicht haben, können Sie sehen, daß die Straße eine Spirale bildet. Sie befinden sich im Inneren dieser Spirale, deren Spitze sich auf Ihrem Kopf befindet und die sich zu Ihren Füßen hin immer weiter ausdehnt.

Die Spitze der Spirale ist das Zentrum Ihres spirituellen Wesens. Hier wird die Erinnerung Ihres Lebens verwahrt. Ihre Lichtstrahlen haben ihren Ursprung in dieser Spitze und dehnen sich von dort bis auf den Boden der Spirale aus. In diesen Lichtstrahlen befinden sich die Tunnel der Vereinbarungen. Wenn Sie mit dem Pirschen beginnen, fangen sie mit dem unteren Teil der Spirale an. Während Sie die einzelnen Stufen des Pirschens durchlaufen, klettern Sie die Spirale hinauf und schauen sich die Vereinbarungen an, die Ihnen auf Ihrem Weg begegnen. Irgendwann sehen Sie sich mit einer bestimmten Vereinbarung konfrontiert, und während Sie die Spirale immer höher hinaufsteigen, umkreisen Sie die Vereinbarung und begegnen ihr etwas höher erneut, weiter oben im

Tunnel. Wenn Sie das zweite Mal auf diese Vereinbarung stoßen, begegnen Sie ihr in einer anderen Lichtvibration, da Sie sich höher in der Spirale befinden. Während Sie sich an sich selbst heranpirschen und immer höher steigen, reinigen Sie die Tunnel jener einzelnen Vereinbarung, was bedeutet, daß Sie diverse Male mit ihr konfrontiert werden, bevor Sie die Spitze erreichen.

Der Schlüssel ist der, sich nicht entmutigen zu lassen, während Sie mit dem Pirschen fortfahren. Vielleicht kommen Sie an eine Vereinbarung, an die Sie sich bereits mehrere Male herangepirscht haben. Doch da ist sie schon wieder. Vergessen Sie nicht, daß dies bedeutet, daß Sie eine neue Schleife der Spirale erreicht haben und die Vereinbarung jetzt mit einem anderen Lichtstrahl reinigen. Die Emotion kann intensiver sein, was daran liegt, daß Sie durch Ihr Pirschen Ihre Energie zurückerlangt haben und diese Vereinbarung nun mit einem größeren Energiefeld betrachten.

Wenn die Emotion auftaucht, egal wie stark, ist es wichtig, im Moment zu bleiben und sich die Vereinbarung anzuschauen. Die verstärkte Energie, die Sie durch Ihr Pirschen angesammelt haben, wird jetzt der Emotion zuteil, die der Parasit ist. Also ist das Gefühl noch intensiver. Machen Sie sich bewußt, daß es okay ist, diese Emotionen zu fühlen. Doch fokussieren Sie sich ununterbrochen auf Ihren Atem. Laufen Sie nicht vor dem Gefühl davon oder glauben, daß es falsch ist, sich so zu fühlen. Lieben Sie es einfach. Wenn Sie das Gefühl in Liebe annehmen, lieben Sie sich selbst.

Ihre Intention als Krieger besteht darin, die Spirale hinaufzusteigen und die verschiedenen Vereinbarungen zu klären, die sie umgeben. Irgendwann werden Sie den Mittelpunkt aller Vereinbarungen erreichen. Wenn Sie diesen Mittelpunkt der Spirale erreichen, steht Ihnen die letzte Schlacht mit den Emotionen der Vereinbarungen, oder dem Parasiten, bevor. Dann sehen Sie sich dem Drachen gegenüber, Ihrem eigenen, persönlichen emotionalen Ungeheuer. Wenn Sie sich in einem derartigen emotionalen Zustand befinden, haben Sie vielleicht das Gefühl, zu einem Ungeheuer oder Monster geworden zu sein. Dieses Gefühl kann sehr extrem sein.

Jedoch ist zu diesem Zeitpunkt Ihr persönliches Bewußtsein genug gewachsen, daß Sie in der Lage sind, im Moment zu bleiben und dem Parasiten nicht zu gestatten, Ihre ganze Aufmerksamkeit zu ködern. Es mag sein, daß Sie diesen Augenblick als sehr ungewohnt empfinden. Vielleicht fühlen Sie sich, wie Sie sich nie vorher gefühlt haben. Sie sind allein mit sich, stehen sich selbst gegenüber. Sie haben inneren Frieden, und dennoch sehen Sie sich mit Ihrem Glaubenssystem konfrontiert, mit der Person, für die Sie sich hielten und für die alle anderen Sie hielten, basierend auf den Vereinbarungen, die Ihnen übergeben wurden. Doch jetzt sind alle Vereinbarungs-Tunnel sauber, und Ihr eigener Lichtstrahl an der Spitze der Spirale ist riesig. Ihr wahres Ich steht dem Ich gegenüber, das verwundet und unglücklich war, in einem Zustand der Hölle auf Erden.

Die Geburt des Engels

Die letzte Schlacht ist eine Zeit, in der Sie still mit sich selbst sein sollten: Sie können chanten, meditieren, im Moment bleiben, sich auf Ihren Atem fokussieren, Liebe einatmen und Liebe ausatmen. Dieser Prozeß kann eine Woche dauern, vielleicht etwas mehr oder auch weniger. Bleiben Sie fokussiert im Hier und Jetzt, und gehen Sie liebevoll mit sich selbst um. Machen Sie einen Ausflug. Nehmen Sie ein warmes Bad. Schauen sie sich einen Film an. Seien Sie sanft mit sich. Irgendwann werden die vielen kleinen Wesen in Ihrem Inneren, die Sie während der Herz-Meditation visualisiert haben, zu einem Wesen verschmelzen – dem riesigen Universum, das Sie sind. Wenn Sie sich Ihrem wahren Wesen hingeben, manifestiert sich der Teil von Ihnen, der ein reiner Engel ist. Sie werden eins mit sich selbst und mit allem, was ist. Sie erleben eine neue Geburt, und Sie betrachten das Leben mit neuen Augen. Sie werden zum strahlendsten Wesen, das es gibt, Sie sind von innerem Frieden erfüllt, und zum ersten Mal leben Sie wirklich. Das ist die wahre Freiheit.

DANKSAGUNGEN

**Dankbarkeit und Respekt für die Lehrer,
die mir als Spiegel dienten**
Meine Mutter, Aurora Levya Vigil (Heilige); mein Vater, Ramon José Duran Vigil (Ernährer und Fels in der Brandung); Großmütter Dolores Nieto Levya (Curandera [Heilerin] und Überlebenskünstlerin) und Dolores Duran Vigil (Erdenmutter und Hebamme); Schwester Julita; Dr. Sherrie Abend-Fels, Lama Karma Dorji; Don Miguel Ruiz; Dona Gaya Jenkins; Gurumayi; Sathya Sai Baba; die Sonnenuntergänge, die meine Vision des Erwachens transformierten; der Mond, die Sterne, die Bäume und alle Tiere, die im Zustand bedingungsloser Liebe ihr Leben mit mir geteilt haben; und vor allem Hiquitie, und ich selbst.

Co-Spiegel
Dona Gaya Jenkins, Norden; ich selbst, Süden; Dona Gini Gentry, Osten; Dona Rita Rivera, Westen.

Don Luis Molinar, Victoria Molinar, Trey Jenkins (Ramakrishna Ananda), Don Pedro.

Co-Mütter
Elena Avila, Gina Herrera, Reyna Luna und Gabriela Lopez Waterman.

Den Kriegern, die meinem Spiegel vertrauten
Arlene Broska, Dona Wanda Lobito, Don Nicaola

Prassinos, Dona Margarita Sanchez, Don Chris Dixon, Don Alvaro Sanchez, Catharine Marzalik, Preetie Keel, Rhonan Heitzmann, David Norget, Tess Carvajal, Lennie Tan, Gayle Dawn Price, Liz Forrest, Gloria Valencia, Brandt Morgan, Mitra Sarkosh, Andrea Usher, M. Luisa Guerrero, Lynda Foishe, Michael Humphrey, Rudy Miera, Sandra Grueiro, Heidi Shepherd, Christinea Johnson, Jean Rael, Kate Dow Gaur, Manish Gaur, Mersedeh Kheradmand, Federique Botermans, Gabby Peprisan, Samuel Rutenberg, Luis Kahn, Sandra Lee Tatum, Viola Vigil, Belinda Trujillo, Jeanne und Jennifer Jenkins, Tita Weems, Brian Claro, Juan Antonio Lopez, Wilma Leon, Tomas Reale, Patricia Klesinger, Dolores Vigil Cruz, Alicia Maes, Pat Lessard, Deidre Bainbridge und Gerard.

Besonderen Dank
Inner Traditions International und Bear & Company; Arlene Broska und Barbara Moulton.

Für Informationen bezüglich Vorträgen, Seminaren und Kraft-Reisen besuchen Sie bitte Dona Bernadette Vigils Website unter www.BernadetteVigil.com. Sie können in ihre E-Mail-Liste aufgenommen werden, indem Sie eine Mitteilung schreiben an: mailinglist@BernadetteVigil.com.

Osho

*Ein radikaler und unkonventioneller spiritueller Visionär,
dessen Bedeutung erst heute allgemein anerkannt wird.
Übersetzt in 47 Sprachen, weltweite Gesamtauflage
über 80 Millionen.*

Kinder
Sei einfach du selbst
528 Seiten
€ [D] 9,95/€ [A] 10,30/sFr 18,00
ISBN 3-548-74109-6

Ego
Von der Illusion zur Freiheit
624 Seiten
€ [D] 10,95/€ [A] 11,30/sFr 19,80
ISBN 3-548-74110-X

Frauen
Die Quelle der weiblichen Kraft
696 Seiten
€ [D] 10,95/€ [A] 11,30/sFr 19,80
ISBN 3-548-74111-8

Intuition
Einsichten jenseits des Verstandes
224 Seiten
€ [D] 7,95/€ [A] 8,20/sFr 14,80
ISBN 3-548-74112-6

Mut
Lebe wild und gefährlich
224 Seiten
€ [D] 7,95/€ [A] 8,20
sFr 14,80
ISBN 3-548-74113-4

Ullstein Taschenbuch

DOREEN VIRTUE

Dr. Doreen Virtue hatte schon als Kind den sechsten Sinn und kommunizierte mit »unsichtbaren Freunden«. In der von ihr entwickelten Engeltherapie verbindet sie ihre Kompetenz als Psychologin mit ihren spirituellen Fähigkeiten.

Das Heilgeheimnis der Engel
Himmlische Botschaften
für Krankheit und Not
320 Seiten
€ [D] 8,95/€ [A] 9,20/sFr 16,50
ISBN 3-548-74102-9

Engel-Gespräche
Wahre Begegnungen
256 Seiten
€ [D] 7,95/€ [A] 8,20/sFr 14,80
ISBN 3-548-74130-4

Die Heilkraft der Engel
224 Seiten
€ [D] 7,95/€ [A] 8,20/sFr 14,80
ISBN 3-548-74128-2

Die Heilkraft der Feen
256 Seiten
€ [D] 7,95/€ [A] 8,20/sFr 14,80
ISBN 3-548-74129-0

ULLSTEIN TASCHENBUCH